아이교육
자가진단법

곽영승 지음

하움

목차

104가지 해법

아이 키우기 힘드시죠? 세상이 복잡해질수록 더 힘이 듭니다. 4차 산업혁명의 폭풍우가 몰아치면서 현재의 교육시스템에 대한 비판도 쏟아지고 있습니다. 엄청난 변혁의 소용돌이 속에서 아이를 어떻게 키워야 할까요? 이 책은 그 엄혹한 쓰나미를 헤쳐 나가야만 하는 우리 아이들을 위한 훈육과 교육의 방법을 상세히 제시했습니다.

나는 부모로서 내 아이를 잘 키우고 있는 걸까? 이 책에 나온 다각적인 질문이 부모님의 아이교육을 객관적으로 점검하는 기회가 될 것입니다. 책에 나온 모든 질문과 해법은 교육학자, 뇌과학자, 심리학자, 가정학자, 아동청소년학자, 신경학자 등 전문가들이 조사 연구 실험한 것입니다.

질문의 답은 ①번이 0점, ②번이 50점, ③번이 100점입니다. 부모님의 자녀교육이 ①번에 해당된다면 당장 수정해야 합니다. 아마 많은 부모님들이 평균 50점 안팎의 점수가 아닐까 합니다. ③번은 전문가들이 제시한, 자녀교육의 올바른 방향입니다. 특히 실증적 연구결과여서 그대로만 실행하신다면 크게 도움이 될 겁니다.

아이의 뇌는 가소성(可塑性 plasticity 빈 페트병을 꾸부리면 꾸부러진 채로 있는 성질. 변한다는 것이 핵심이다.)이 있어서 부모님의 교육에 따라 언제든 변할 수 있습니다. 그러니 ①번처럼 아이를 키웠다고 해서 실망하지 마세요. 지금이라도 ③번으로 바꾸면 됩니다.

우리는 아이가 남들을 배려하고 협력하는 인품을 갖기를 바랍니다. 불의와 타협하지 않는 도덕적 시민이 되길 바랍니다. 풍부한 상상력과 창의성으로 사회에 기여하는 인재가 되길 소망합니다. 불가능에 도전하는 결단력과 추진력이 있기를 기대합니다. 역경을 극복하는 인내심과 불굴의 의지를 갖춘 영웅이 된다면 더 바랄게 없습니다. ③번처럼 키우시면 그렇게 됩니다.

이 책에는 부모님의 억압과 방치로 망가진 아이들, 권력과 부에 치여 엉뚱한 길에 들어선 아이들, 게임과 인터넷에 빠져 헤매는 아이들을 올바른 길로 돌려세우는 방법이 나와 있습니다. 부모님의 이혼이나 불화, 가난으로 인해 힘든 아이들이 다시 일어서는 방안도 보여줍니다.

독서가 모든 학과목에서 성적을 빠르게 올리는 지름길이며 모든 문제를 해결하는 왕도라는 것을 증명하는 여러 가지 연구결과를 제시했습니다. 부모님의 잔소리, 아이들의 사춘기, 공부를 해야 하는 이유와 잘하는 방법, 선행학습, 전학과 재수, 왕따 등 아이 키우기와 관련된 모든 것을 점검했습니다.

이 책은 아이 키우기의 핸드북(교본)입니다. 아이를 키우면서 발생하는 거의 모든 문제를 망라해 104가지 해법을 제시했습니다. 늘 곁에 두고 아이가 처한 상황에 따라 처방전대로 실천하시면 좋겠습니다. 교육은 인내심을 가져야 결과가 나옵니다. 느리고도 힘든 길이지만 우리 아이와 함께 하는 더 없이 행복한 시간입니다. 그 시간이 너무나 빨리 지나가 아쉬움을 남깁니다. 이 책을 참고하셔서 우리 아이들을 동량지재(棟梁之材)로 잘 키워내시기를 온 마음으로 소망합니다.

분노에서 환희로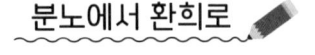

우리 아이들이 길을 잃고 헤매지 않게 합시다. 있는 사람들은 더 높은 곳, 더 많은 것을 차지하려고 달려갈 때 없는 사람들은 먹고사는 문제로 허덕입니다. 삶의 차원이 다릅니다. 아이에게 동화는 그만 들려주세요. 이 세상이 동화처럼 아름답던가요? 아이는 생존을 넘어 더 큰 꿈을 꾸어야 합니다.

부모님은 대천사가 아니고, 아이도 피노키오가 아닙니다. 아이의 머리를 별천지(別天地)의 동화로 채우실 겁니까? 아이가 이 세상의 무게를 못 이겨 무너지게 하실 겁니까? 아니면 현실의 벽을 깨부수고 드디어 하늘 높이 날게 하시겠습니까?

현재 대한민국은 계급사회였던 조선시대와 크게 다를 바 없습니다. 인도의 카스트제도가 우리나라에도 존재합니다. 더 큰 문제는 이제 서민은 영원한 서민, 상류층은 영원한 상류층으로 고착화됐다는 것입니다. 예전에는 교육을 통해 개천에서 용이 나곤했으나 이제는 교육이 오히려 계층이동을 가로막고 있습니다. 교육이 계층상승의 사다리가 아니라 절망의 장벽이 돼버렸습니다.

우리나라는 8대2를 넘어 9대1의 사회로 가고 있습니다. 국민의 10%가 부(富)의 90%를 차지하고 90%의 국민이 나머지 10%의 부를 갖고 아웅다웅하고 있습니다. 우리나라를 먹여 살릴 천재들이 90%에 많을까요? 상류층 10%에 많을까요? 90%에 속하는 아이들은 아무리 재능이 있어도 기회를 잡기가 어렵습니다. 화가 나지 않습니까? 분노가 끌어 오르지 않나요?

90%의 아이들도 인생에서 한번은 꿈을 꾸고 그 꿈을 펼쳐야하지 않겠습니까? 그것이 대한민국이 진정한 선진국으로 가는 길이기도 합니다.

우리 아이들이 살아가면서 "여기가 원더랜드야. 나는 행복해."라고 말할 수 있기를 바랍니다. 아이들이 하고 싶은 일을 하고, 꿈을 펼칠 수 있기를 기원합니다. 우리 아이가 평생 남의 눈치나 보며 살게 할 수는 없습니다. 아이들을 잘 키우는 건 애국의 길이기도 합니다.

당신의 아이에게 기회를 만들어주세요. 아이들에게 가난 결핍 인내 종속을 물려주지 맙시다. 우리 아이들이 평생서민으로 인내만하며 살아가게 할 수는 없습니다. 아이들이 저 푸른 세상위로 비상하기를 간절히 기원합니다.

1부

▲ △ ▲

#강압 #놀이 #선행학습 #잠

#대화 #거짓말 #심부름 #벌

우리나라 교육열은 세계적이다. 아이들의 공부시간은 세계에서 가장 많다. 대학생보다 초교생의 공부시간이 더 많으니 기이할 뿐이다.

이런 교육열은 학벌로 인한 차별과 입시제도가 주 원인이다. 소위 명문대를 졸업해야 좋은 직장에 취직할 가능성이 높아진다. 중소기업과 대기업 간의 임금격차, 고졸과 대졸간의 사회적 차별 등 학력으로 인한 간격이 너무나 심각하고 현실적이다. 어떤 부모인들 아이가 이런 장벽 앞에서 좌절하기를 바라겠는가? 엄마의 교육열은 당연하고도 자연스러운 생명현상이다.

과도한 교육열이 가라앉고 교육이 희망의 사다리가 되면 우리 아이들도 자신이 좋아하는 것에 몰입해 행복한 청소년기를 보낼 것이다. 행복한 아이가 더 크게 성공한다.

현재의 교육시스템은 아이들의 창의성을 죽여 '생각 없는 지식과 정보출력의 로봇'으로 만들고 있다. 가정교육 역시 이런 국가교육체제의 영향아래 엉뚱한 길을 가고 있다. 많은 부모님들이 아이들을 달달 볶아댄다. 양육 훈육 교육이 아니라 아이들을 시들게 하는 '잔인한 사육'이라는 비난이 나올 정도다.

창의력은 멍 때릴 때나 놀 때 번뜩하고 나온다. 물론 그 밑바탕에는 훈련된 지적 역량, 과제를 남들과 협력해서 수행했던 경험, 견문과 다양한 체험 등이 있어야 한다.

수많은 뇌 과학자들의 연구결과에 따르면 아이에 대한 부모의 과도한 간섭, 강압은 성장기 뇌 발달에 악영향을 미친다. 다음 질문들을 통해 부모님의 자녀교육이 올바른 방향으로 가고 있는지 점검해보시라.

> ## 1. 아이가 하는 일에 어느 정도 간섭하시나요?
> ① 자주 한다 ② 가끔 한다 ③ 안한다

아이가 스스로 결정해 행동하고 그에 따른 실패를 경험하지 못하게 하면 아이는 끊임없이 도움을 요청하고 혼자서는 아무것도 할 수 없는 어른이 되고 만다.[1] 간섭받으며 자란 아이는 어른이 되어서도 무의식적으로 간섭받기를 원한다. '마마보이' '마마걸'이 된다. 아이들을 언제까지 끼고 살 건가? 그러면 부모의 인생도, 아이의 인생도 반쪽짜리가 되고 만다. 아이에게는 40%만 신경 쓰고 60%는 나의 인생을 살아야 아이도 부모님도 행복하다. 아이에게 100% 올인하면 전면전이 될 뿐이다.

창의력은 생각에 제약이 없어야 일어난다. 부모의 과잉보호나 강압은 아이들의 생각열차 앞에 세워진 장애물이다.[2] 부모 없이도 인생을 헤쳐 나가도록 키우는 것이 잘 키우는 것이다.

모든 것을 지시받고 준비해준 대로 하는 아이는 지적 정서적 자유를 상실하고 자율성 창의성을 잃게 된다. 자신감, 자존감은 스스로 결정하고 노력하는 과정에서 형성된다. 과보호와 억압은 이런 기회를 뺏는다.

> ## 2. 아이가 부모님의 지시나 말씀을 어느 정도 따르나요?
> ① 확실하게 따른다 ② 가끔 안 따른다 ③ 자신의 생각은 다르다고 말한다

복종하는 아이는 부모를 두려워할 뿐 존경하지 않는다. 아이는 자신의 욕구에 반응하는 부모를 신뢰한다. 아이가 자신의 선택으로 인해 좌절할 때 부모는 그런 감정을 경청하고 인정해주면 된다. 아이가 좌절하면 안 된다고 생각해 아이의 일에 일일이 개입하고 충고, 조언하면 좌절을 통해 언

을 수 있는 교훈과 성장의 기회를 뺏는 것이다.[3]

인간은 자기의 삶, 자신의 일에 통제력을 발휘해야 행복해지고 수명도 늘어난다. 2차 대전 때 유태인 수용소에서 자신의 개성, 자존감, 자아를 포기한 사람이 가장 먼저 죽었다.[4]

아이가 부모님의 말씀을 잘 따를 때 행복한 사람은 아이가 아니라 부모다. 새로운 길을 가지 않는 인생이 인생인가? 인생은 비바람 속에서 산을 넘고, 살을 에는 북풍한설을 뚫고 들판을 건너며, 폭풍우치는 바다를 헤쳐 나가야 비로소 완성된다.

부모님이 미래를 살아갈 아이를 과거의 잣대로 키우고 있는 건 아닌지 생각해봐야 한다.

3. 아이가 친구들과 뛰어노는 시간이 충분한가요?

① 공부하느라 놀 시간이 전혀 없다 ② 좀 부족하다 ③ 충분하다

인생초기에 독서 놀이 운동만큼 중요한 건 없다. 아이에게서 이 세 가지를 빼앗느니 차라리 공부를 포기하는 게 좋다. 미국 소아과협회 케네스 긴스버그 박사는 "놀이가 아이의 사회성을 키우고, 부모와의 관계를 좋게 하고, 인지능력과 지능발달을 촉진한다."고 했다.[5]

운동을 하면 기억을 담당하는 해마에 혈액량이 늘어나 기억력이 좋아지고 추론 문제해결력 집중력 추상적사고 등이 개선된다.[6] 놀면 감수성 상상력을 담당하는 우뇌가 활성화한다. 공부하려면 놀아야 한다. 웃음은 스트레스 호르몬을 줄여주고 면역시스템도 강화한다.[7]

아이는 놀이를 통해 자신도 모르게 인생을 배운다. 경험과 자극이 부족

하면 뇌세포의 성장이 지체되고 단기기억을 장기기억으로 바꾸는데 필요한 해마 같은 뇌 영역이 위축된다.[8]

그런데 요즘은 아이들이 모두 공부에 매달려 같이 뛰어놀 친구가 없다는 게 문제이긴 하다. 그래도 어릴수록 많이 놀아야 한다는 것이 모든 전문가들의 조언이다. 뜻이 맞는 부모님들을 찾아 아이들을 놀이터, 운동장, 산과 들에서 같이 뛰어놀게 하시라.

4. 부모님이 아이의 감정을 받아주지 못하고 자주 비판하나요?
① 그렇다 ② 가끔 비판한다 ③ 흔쾌히 받아준다

부모가 아이의 감정을 흔쾌히 받아들여야 아이가 책임감을 기를 수 있다.[9] 비판을 받으며 자란 아이는 책임감을 배우지 못한다. 또 자신감이 없어지고 다른 사람을 불신하고 비관주의자가 된다. 비판하는 부모를 닮아 나중에 남을 자주 비판하게 되니 주변 사람들이 싫어한다.

아이가 "이번 시험에서 훈이를 이겼어요."라고 하면 "그래! 고생했네."라고 노력한 점을 인정하면 된다. 굳이 "그렇게 다른 애랑 비교할 것 없어. 너만 잘하면 돼"라고 말할 것까지는 없다.

아이는 부모님의 인정과 칭찬을 받고 싶어서 한 말인데 부모가 그 말을 반박해버리니 속이 상한다. 아이는 부모님의 반박을 받아들이는 것처럼 보여도 의욕을 잃거나 점차 반항적으로 변하기 쉽다.

어른들은 한계와 조건, 제약을 만들어 놓고 아이에게 그 안에서 꿈꾸라고 한다. 그러느니 그냥 부모님이 함께 잘 사는 모습만 보여주시라. 그것만으로도 자녀교육의 기본은 된다.

5. 아이에게 선행학습을 어느 정도 시키나요?
① 1~3년 앞서도록 시킨다 ② 6개월 정도 앞서게 한다 ③ 안 시킨다

요즘 중학교에 다니면서 고교과정까지 전부 마치는 아이들이 있다. 고등학교에 올라가면 어려운 과목에만 집중한다. 선행학습은 초·중학교까지는 성적에 약간 도움이 될 수 있지만 고등학교에서는 오히려 성적이 떨어질 수 있다. 이유는 자신이 안다고 생각해 선생님의 가르침을 존중하지 않고 수업시간을 소홀히 하기 때문이다.

공부는 예습하고, 반복해서 복습하는 것이 전부다. 완벽하게 이해한 뒤 기억할 때까지 반복해서 복습해야 한다. 그런데 선행학습으로 다 안다고 생각하면 이런 공부 열의가 당연히 떨어진다.[10] 선행학습을 꼭 하고 싶으면 한 학기 정도만 앞서가라고 한다.

가장 좋은 교육은 어릴 때부터 부모님이 책을 읽어주고, 아이가 독서습관을 들이는 것이다. 소리 내어 읽는 게 좋다. 아이가 공부를 좋아하게 만들고, 공부한 것을 확실하게 기억하려면 엄마를 학생이라 생각하고 가르치도록 하는 것이 최고다. 엄마는 "아 그렇게 푸는 거였구나. 잘 알았어. 고마워"라고 하면 아이는 신나서 더 열심히 공부한다.

독일 심리학자 에빙하우스의 망각곡선에 따르면 외운 것은 한 시간이 지나면 56%, 하루가 지나면 74%, 1주일 후에는 77%를 잊는다. 복습이 공부의 왕도다.

6. 아이가 잠을 충분히 자나요?
① 4~5시간 밖에 못 잔다 ② 6~7시간은 잔다 ③ 충분히 잔다

잠은 소중한 학습시간이다. 잠을 자는 동안 뇌는 그날 학습한 것들을 기억영역으로 옮긴다. 낮 동안에 많이 배울수록 잠을 더 자야한다. 피곤하면 뇌가 기억에 필요한 시냅스(뇌신경의 결합)를 만들어내지 못한다.

잠이 부족하면 지능저하, 정서불안, ADHD(주의력결핍과잉행동장애), 우울증, 비만을 가져온다. 뇌는 21살까지 발달하는 데 주로 취침 중에 이루어진다.[11] 잠이 부족하면 그렐린이라는 호르몬이 증가해 배고픔을 느끼고 랩틴(식욕억제 호로몬)이 떨어져 살이 찐다. 수면부족은 스트레스 호르몬인 코티졸의 수치도 크게 증가시켜 체내에 지방을 축적시킨다. 8시간 이하로 자는 어린이는 10시간 자는 어린이에 비해 비만율이 300%나 높다.

과학자들에 따르면 10대는 9시간15분 정도 자야한다. 우리나라 어린이·청소년의 45%가 수면부족에 시달린다. 원인은 학원과 과외가 45.7%, 야간 자율학습 18.7%, 가정학습 13%, 게임 12.9%다. 밤잠이 부족하면 5~10분 정도 낮잠을 자면 좋다. 뇌는 잠자기 직전에 공부한 것을 잘 기억한다. 따라서 시험기간에 밤을 새며 공부하는 것은 손해다.

7. 아이가 부모님의 사랑을 충분히 받으며 자랐나요?
① 사랑을 전혀 받지 못했다 ② 어느 정도는 받았다 ③ 충분히 받았다

어릴 때 자리 잡은 감정체계는 거의 그대로 유지된다. '사람은 안변한다.' 감정체계가 안정돼야 뇌가 발달한다. 그러면 정서적 충격에서 빨리 벗어나고 스트레스도 잘 이겨낸다. 문제는 제대로 보살핌을 받지 못하거나 학대를 받으며 자란 아이의 감정체계 역시 쉽게 바뀌지 않는다는 점이다.[12]

아이의 성장은 부모님의 한결같은 사랑과 긍정적인 자극, 아이의 '나는 안전해'라는 확신에 달려있다. 뇌의 중심인 변연계는 감정조절과 집중력, 정보수용력, 기억력을 담당하는데 태어나서 5년 안에 거의 완성된다. 아이가 공부 잘하기를 바란다면 태어나서 5살까지 부모님의 사랑을 폭포수처럼 쏟아 부어야 한다.

방치 강압 학대받은 아이들은 변연계 특히 편도체와 해마가 보통 아이들보다 작고 기능이 떨어진다. 이런 아이들은 안전하지 않다고 느끼기 때문에 살아남으려는 욕구(식욕)가 강해져 이기적인 사람이 되고 새로운 것(공부)을 받아들일 여력이 없어진다.

뇌는 미래의 일들을 통제하고자 하며 통제력을 행사하면 행복해진다. [13] 강제로 공부시키고 과부하를 주면 아이는 불행해진다. 행복감을 느끼며 자라야 공부도 잘하고 도전하며 자발적으로 노력한다.

8. 부모님이 아이의 실력을 높이기 위해 어려운 문제를 풀라고 유도하거나 강요하나요?
① 자주 그런다 ② 간혹 그렇게 한다 ③ 쉬운 문제부터 풀게 한다

공부는 습관이 돼야하는데 그 습관은 작은 성취감에서 출발한다. 조금 어려운 문제를 자신의 힘으로 풀었을 때 희미하게 기쁜 마음이 일어난다. '아! 내가 해냈구나!' 그런 기쁨이 누적되면 성취감이 되고, 그 성취감을 느끼고 싶어 공부하게 되고, 공부하면 공부가 주는 맛을 알게 된다. 드디어 공부가 습관이 된다!

승리는 뇌를 재조정한다. 아이들에게 풀 수 있는 문제를 주어서 풀었

는 쾌감, 승리감을 맛보게 한 뒤 조금씩 어려운 문제로 올라가는 것이 좋다. 아이들은 각각 다른 단계에서 다른 속도로 공부한다. 그러니 각자의 능력에 맞는 질문을 주어야 한다.

아이를 왜 공부시키는지, 단지 명문대를 나와 잘 먹고 잘 살라고 아이를 닦달하는 것은 아닌지 깊이 생각해봐야 한다. 공부는 그 이상으로 중요하고 복합적인 의미가 있다. 단편적인 지식만을 외우는 것은 공부가 아니다. 아이의 지적발달, 도덕적· 정서적 발달에 애를 써야 한다. 적용 분석 종합 추론의 방법을 가르쳐야한다. '왜 이것이 옳지? 이것에 대한 증거는 뭐지? 어떤 추론과정을 통해 이 결론에 도달했지?'라는 질문을 하며 공부해야한다.[14] 아이에게 어려운 문제를 들이밀면 공부가 적이 된다.

9. 부모님 자신이 혹시 열등감을 느끼거나 자존감이 낮은 편인가요?
① 그렇다   ② 약간 그런 면이 있다   ③ 전혀 아니다

열등감과 자존감은 대물림되곤 한다. 자존감이 낮으면 '저 사람이 나를 어떻게 볼까?'에 신경을 쓰느라 남의 감정을 읽지 못한다. 상대방의 농담을 농담으로 받아들이지 못하고 화를 낸다. 상대방에게 공감할 수 있는 마음의 여유가 없기 때문이다.[15]

열등감이 심한 부모는 완벽주의자가 돼 아이들을 닦달하고 아이들은 반항적이 된다. 자존감이 부족한 부모는 아이의 일을 하나에서 열까지 다 결정한다. 그러니 아이는 성취감을 통해 형성되는 자신감, 자존감을 얻지 못한다.

낮은 자존감, 열등감은 성공경험이나 성취감을 통해 얼마든지 높일 수 있다. 미국의 정신분석가 하인즈 코허트는 '건강한 자기애(自己愛)'가 정신 건강에 꼭 필요하다고 했다. 자기애는 어릴 때 생긴다. 아기는 엄마라는 거울에 비친 자신을 보고 자기를 확인한다. 엄마가 아이를 좋아하고 예뻐하면 아이는 자기가 상대방에게 호감을 주는 사람이라는 자존감이 생긴다. 반대로 엄마의 사랑이 부족하면 자존감 인내심 자제력이 낮아지고 작은 충격에도 무너져 충동적으로 변한다.

부모가 아이에게 너무 엄하거나, 너무 처벌적이거나, 아이가 도달하기 힘든 높은 목표를 요구하면 아이는 완벽주의자가 되고 양심의 가책을 쉽게 받는다. 예의바르고 희생적이고 약속을 잘 지킨다. 또 강박증 결벽증으로 정리정돈을 과하게 하고 시간도 엄격하게 잘 지킨다. 주도권을 쥐려하고 반대하는 사람을 적으로 돌린다. 공주병, 왕자병에 걸리기 쉽고 권력 돈 지위에 집착한다. 자신을 스스로 달달 볶으며 살아가야하니 얼마나 힘들겠는가!

10. 아이가 못미더워 부모님이 많은 일을 대신 해주나요?
① 그렇다 ② 가끔 한다 ③ 안한다

성공은 '나는 할 수 있다'는 자기충족적인 예언의 결과다.[16] 아이를 믿고 기다리면 아이는 그 믿음과 사랑을 바탕으로 자신감이 생겨 일을 해낸다. 아이에게 잔소리를 자주하면 아이는 '부모님이 나를 못 믿는구나.'라고 판단한다. 그러면 아이는 의기소침해지고 도전의욕도 꺾인다. 부모가 아이에 대해 가지고 있는 의식적, 무의식적 기대나 실망이 아이의 태도와 행동, 능력과 성과에 영향을 미친다.

아이는 크면서 여러 가지 충격과 감동을 경험한다. 그럴 때마다 부모는 아이의 충격과 감동을 이해하면 된다. 동생이 태어나 부모의 사랑을 잃을까 충격 받은 아이에게 "동생을 괴롭히지 말라"는 말 대신 꼭 껴안고 "사랑해"라며 아이의 사랑받고자 하는 욕구를 인정해주면 된다.[17] 그러면 버림받을지 모른다는 불안감이 사라진다.

거절당하는데 익숙해진 아이는 사랑받으면 두려워한다. 아이들에게 가장 중요한 것은 자신의 마음을 진심으로 알아주고 인정해주는 것이지 해결책을 제시하는 것이 아니다. 주사를 맞기 싫다고 우는 아이에게는 "주사는 너를 위한거야. 전혀 아프지 않아."라는 말은 하지 마시라. 대신 "주사 맞는 게 무서운가보다. 네 맘 알아. 선생님에게 살살 놓아달라고 말할게"라고 하자.[18]

11. 아이가 실수하면 짜증을 내시나요?
① 짜증낸다 ② 가끔 낸다 ③ 아니다

다른 사람으로부터 존중받지 못한 아이가 다른 사람을 존중하기는 힘들다. 아이를 한 인간으로 존중해야하는 이유다. 어릴 때는 물건을 자주 떨어뜨린다. 이 때 엄마가 짜증을 내면 절대 안 된다. 실수할 때 혼을 내면 새로운 일에 도전하지 않거나 실수한 것을 감추려고 잘못을 인정하지 않는다. 거짓말을 하게 된다.[19]

아이의 뇌를 발달시키려면 부모님이 밝은 표정으로 사랑해주는 것이 최고다. 성장기에 애정이 부족하면 아이는 자신을 지키려는 자기보존본능이 강해진다. 그러면 실패를 두려워하고 자기를 지키기 위해 다른 사람을 공

1부 | #강압 #놀이 #선행학습 #잠 #대화 #거짓말 #심부름 #벌 ▲

격하게 된다. 아이가 울 때 '저러다 그치겠지' '어리광쟁이로 만들면 안 돼'라며 방치하는 것은 금물이다. 아이가 울 때는 얼른 달래주어야 한다.

어린 아이는 엄마에게 관심을 가지며 뇌의 회로망을 발달시킨다. 이 시기에는 엄마가 아이에게 말을 많이 하고 많이 안아주고 함께 지내야한다. 나중에 인관관계를 제대로 하는 가 여부도 이 시기에 결정된다.

그렇다고 아이들이 놀이터에서 싸울 때도 부모가 끼어드는 것은 좋지 않다. 아이들이 스스로 문제를 처리하는 방법을 배우지 못하게 가로막는 것이다.[20]

---

12. 아이가 어떤 일을 해냈을 때 "우리 진이 똑똑하네." "진이는 천재 인가봐."라는 칭찬을 자주 하나요?

① 자주한다 ② 가끔은 한다 ③ 안한다

재능은 호기심과 도전정신, 끈질긴 노력의 결과다. 타고난 천재는 없다. 언제나 꿈을 꾸고 그 꿈을 매일 생각해야 한다. 포기하지 말고 노력해야 한다.[21] 노력이 천재를 낳는다.

"똑똑하다" "천재다"라며 아이의 재능을 칭찬하면 독이 된다. 어려운 문제에 도전했다 실패하면 천재가 아니니까 도전하지 않으려한다. 아이가 어떤 일을 해내면 "애썼다"라고 아이의 노력을 인정하는 것으로 충분하다.

아이가 "엄마 아빠가 나에게 큰 기대를 걸고 있다"라고 느끼면 부모의 인정을 받으려 애쓰게 되고 그러면 부모에 대한 신뢰, 자신감을 잃어버리기 쉽다. 아이를 사랑하는 것은 아이의 존재 자체를 기뻐하고 아이의 방식과 선택을 인정해주는 것이다. 반대로 '우리 진이는 머리가 안 좋은 것 같다.'라는 말은 절대 해서는 안 된다. 생각조차 하지 마시라. 아이는 부모의 그런 생각을 정확히 알아채고 머리 안 좋은 아이로 변해간다.

13. 아이가 잘못된 행동을 할 때 어떻게 하나요?
① 화를 낸다 ② 무언으로 압력을 넣는다 ③ 그 일에 대해 대화한다

아이가 거짓말을 했다면 "거짓말은 해서는 안 돼."라고 하지 말고 왜 거짓말을 했는지 이유를 알아내야 한다. 아이가 부모님에게 진실을 말해도 안전하다고 느끼면 진실을 말한다. 포근히 안아주거나 따뜻하게 말을 걸면 아이는 자신의 감정을 털어놓는다. 그때 진지하게 거짓말한 문제에 대해 대화하면 된다.

아이들은 다른 사람들이 자신을 대하는 방식에 기초하여 감정을 형성한다. 아이는 부모의 말과 행동에 따라 자신의 말과 행동을 지어낸다. 부모가 아이에게 무언가 성취하도록 명령하면 아이는 부모의 사랑을 의심하게 된다. 자신이 부모님에게 감동이나 즐거움을 주지 못하면 사랑받지 못할 것이라고 생각하기 때문이다.

부모님의 사랑을 의심하는 아이는 불안 언어장애 학습문제 섭식장애 분노 등 총체적 난국에 빠진다. 부모는 아이의 행동 이면의 고통스런 감정과 생각을 헤아려야 한다. 아이는 부모의 사랑 속에서 안정감, 자신감을 갖고 자신이 선택한 목표를 향해 전진한다.[22]

14. 아이의 목표와 생활규칙이 있나요?

목표가 공부하는 이유가 되고 공부에 더 몰입하게 만든다. 몰입하면 공부가 쉬워진다. 규범이 없으면 값비싼 실수를 저지르기 쉽고, 궁극적 목적이 없으면 비극이 닥쳤을 때 용기를 내지 못한다. 꿈과 목표는 아이가 부모님과 대화를 통해서, 또는 풍부한 독서와 폭넓은 견문을 통해서 찾아낼 수 있다.[23]

아이에게 장래의 청사진을 그려보게 하는 것은 아주 좋은 효과를 낳는다. 성공한 감정을 미리 느껴보게 하는 것이다. 뇌는 상상을 담당하는 부위와 지각을 담당하는 부위가 같다. 그래서 상상을 현실로 착각하기도 한다. 그렇기에 더욱 목표가 필요하고 그 목표를 책상 앞에 꼭 써놓아야 한다.[24] 볼 때마다 더 힘이 난다. 꿈과 목표는 내가 흔들릴 때 나를 지탱시켜주는 신념체계이기도 하다.

행복한 아이가 공부도 잘하고 더 성숙한 어른으로 성장한다. 행복감은 두 가지 조건에 의해 좌우된다. 구체적인 목표와 지키기 어렵지 않은 규칙이다. '하루에 4시간 자고 15시간 공부한다.' '나는 오로지 공부만 한다.' 단기간이라면 몰라도 어른도 장기간은 지키기 힘든 규칙이다. 아이에게 맞는 규칙을 세우도록 해보자.

15. 아이가 넘어져 울 때 어떻게 하시나요?
① 울지 말라고 소리 지른다 ② 놀라서 호들갑을 떤다 ③ 얼른 안아준다

아이가 넘어져 울 때 엄마는 바로 달려가서 꼭 안아주며 두렵고 슬픈 감

정을 달래주어야 한다. 지나치게 놀라거나 흥분하는 모습을 보이지 말고 침착해야 한다. 그러면 아이는 그 상황에서 편안하게 벗어난다.

부모가 "어서 뚝 그쳐. 아무것도 아니야. 그만 울어"라고 소리를 지르면 안 된다. 무시, 축소, 방치되는 상황은 고통과 슬픔을 키운다. 그런 대우를 받으면 아이는 안전에 위협을 느낀다. 그러면 부모로부터 버림받지 않기 위해 거짓말을 하고 불안 우울증 중독에 빠진다. 성인이 되면 완벽주의자가 되어 자신을 스스로 괴롭힌다. 그러니 아이의 있는 그대로의 모습을 사랑하고 이해해야 한다.

부모가 주는 정서적 안정감이 부족하면 아이는 살아가는 데 필요한 학습과 세상에 대한 탐험을 꺼리고, 지나치게 불안해한다. 즉 호기심과 탐구심이 부족해 공부를 못하게 된다.[25]

인간은 감정적으로 남들과 연결되고자 한다. 어린아이들은 자기를 보호하고 돌봐주는 사람이 필요하다. 온전히 내편이 되어주는 환경이 마련돼야 감정표현, 학습, 주변탐색 등을 하면서 성장한다.

16. 아이와 대화를 많이 하시나요?
① 거의 안 한다 ② 조금 하는 편이다 ③ 충분히 한다

부모님과 대화하는 것만으로도 아이의 두뇌가 좋아진다. 미국 캔자스대학 연구팀이 1990년대 중반 사회경제적 배경이 다른 42개 가정을 대상으로 생후 7~9개월 된 아이들을 2년 반 동안 관찰했다. 정기적으로 가정을 방문해 얼마나 많은 말을 하는지, 말투는 어떤지, 긍정적인 말인지 부정적 말인지를 관찰했다.

추적결과, 네 살이 되면서 말을 많이 한 가정의 아이는 말이 가장 적은 집의 아이에 비해 3,200백만 단어를 더 들었다. 부모의 사회적 경제적 지위와는 무관하게 말을 많이 한 가정일수록 아이의 지능이 더 좋았다. 옹알이할 때부터 대화를 많이 할수록 더 똑똑해진다. 부모가 긍정적인 말을 많이 하고, 대화를 통한 상호작용을 더 자주하고, 명령보다 부탁하는 말을 듣고 자란 아이일수록 지능이 더 높았다.

부모가 아이에게 가장 많이 하는 말은 "하지 마. 위험해. 더러워."다. 이런 말은 아이의 도전의욕을 꺾는다. 또 자주 칭찬하면 안 된다. 그러면 아이가 잘난 척하게 된다. 또 칭찬받아도 기쁘지 않다. 칭찬에 익숙해지면 칭찬받기 위해 어려운 과제를 하지 않으려 한다.

부모님 눈에는 아이가 못하는 이유가 보인다. 그러면 간단히 조언하고 힌트를 주어야지 "하지 않아도 된다. 괜찮다"는 말은 안 된다. 아이가 스스로 궁리해서 해결하도록 해야 아이가 성장한다. 아이가 포기하지 않고 해내면 그 때 진심으로 "애썼다"고 칭찬해주시라. 성취감을 느낀 아이는 자신감이 생긴다. 부모님은 아이를 따뜻하게 사랑하는 것이 먼저고 가르치는 건 다음이다.[26]

17. 아이가 도움을 요청하면 어떻게 하시나요?
① "네가 해"라고 한다 ② 요청하는 것 이상 도와준다 ③ 요청한 만큼만 도와준다

아이가 요청할 때는 요청하는 만큼만 도와주는 게 좋다. 요청이상 도와주면 '넌 하지 못해'라는 암시가 된다. 아이의 요청을 무시하면 아이는 '부모님이 날 사랑하지 않는구나.'라며 실망한다. 아이가 질문할 때 부모님은

설교나 강의하지 말아야 한다. 다시는 질문하지 않는다. 아이를 부모와 동등한 존재로 대하자. 우유를 쏟은 아이에게 필요한 것은 도움이지 비판이 아니다.

자존감은 '나는 가치 있다'는 생각에서 나온다. 아이가 요청할 때 "넌 그것도 못하니."라고 아이의 불완전함을 지적하면 아이는 자신감을 잃고 도전하지 못한다. 아이는 부모의 표정 말 행동을 보며 자아(自我)를 만들어간다. 부모가 아이를 존중하고 아이의 능력과 자기주도력을 인정해주면 아이는 자신감 자존감 자기주도력을 갖춘다.

아이와 함께 하자. "네가 해" "시간이 없다. 나중에 놀아줄게."라는 말은 아이가 자신이 중요한 존재가 아니라는 생각을 하게 만든다. 아이가 도움을 청하면 가능한 빨리 기쁘게 반응하자. 자신감은 자신이 중요하며 대접을 받는다고 느낄 때 생긴다.[27]

부모가 마음속에서 '우리아이는 머리가 나쁘거나 재능이 없어서 잘못한다.'고 결론을 내리면 아이는 부모의 이런 마음을 알아차리고 자아상에 반영해 실제로 그렇게 되기 쉽다. 부모의 비난이 아이의 사고방식으로 굳어지고 습관이 된다. 아이가 비관적이면 성적은 바로 떨어진다.[28]

18. 엄마와 아빠 중 누구의 생각이 아이교육에 더 많이 반영되나요?
① 서로 다툰다 ② 아빠생각이다 ③ 엄마생각이다

예전 부모님들은 먹고살기 바빠 부모공부를 못했다. 현재의 부모들은 그런 부모님을 보고 자랐다. 부모의 역할이 무엇인지도 모른 채 부모가 돼 자신의 부모가 자신을 훈육한 대로 아이들을 가르친다. 아이교육을 놓고 부부간에 다투는 경우도 많다. 어떻게 해야 할까?

부모에게서 양질의 양육과 훈육을 받은 아이는 사회에 보탬이 될 가능성이 크다. 반면 부모의 지나친 통제를 받으면 자아정체성을 확립하지 못해 미성숙상태로 남는다. 부모의 강압에서 벗어나 자신이 누구인지 자유롭게 탐색하면 자신을 더 잘 알 수 있다. 자신을 알아야 꿈과 목표도 찾아낼 수 있다.[29]

성격, 인성은 유전과 가정환경에 의해 형성되고 변한다. 그런 점에서 엄마의 영향력은 누구보다도, 어떤 것보다 지대하다. 아이는 엄마의 말을 듣고 말을 배우고, 행동을 보고 행동을 따라한다. 엄마의 말과 행동이 비관적이면 비관적인 아이로 성장한다. 물론 아빠도 영향을 미치지만 엄마에 비하면 미미하다.

100명의 아이와 부모를 조사한 결과 엄마와 아이의 낙관성이 비슷했다. 아빠와는 유사점이 크게 없었다. 엄마가 낙관적이라면 아이에게 좋은 일이지만 비관적이라면 불행이다. 지능, 정치적 견해, 종교관 등 상당 부분이 엄마로부터 유전된다.[30] 아이교육으로 다투지 마시라. 엄마가 주도하고 아빠는 조언하고 도와주시면 된다. 어차피 아이는 엄마를 닮는다.

19. 아이에게 지시하며 옥박지르는 편인가요?
① 그렇다 ② 가끔씩은 그렇다 ③ 아니다

미국 심리학자 새무얼 올리너와 부인 펄 올리너의 1988년 연구에 따르면 2차 대전 때 유대인을 구해준 사람들이 좋아한 단어는 '설명'이었다.

유대인을 구해준 사람들의 부모는 아이들을 키울 때 이유를 설명하고, 잘못을 바로잡을 방법을 제시하고, 충고했다. 설명은 존중한다는 메시지를 상대에게 보낸다. 자녀가 이해하고 발전하고 나아질 능력이 있음을 믿는다는 뜻이다.

이 부모들은 자녀의 행동이 왜 부적절한지, 그런 행동을 했을 때 다른 사람에게 어떤 영향을 미칠지를 설명했다. 대신 유대인을 방관한 사람들의 부모들은 아이에게 '너 자신을 위해 규칙을 지켜야 한다.'고만 했다.

훈육이 지속적으로 효과가 있으려면 원칙도 함께 설명해야 한다. "저 아이가 네 장난감으로 놀고 싶어서 울잖니"가 아니라 "저 아이가 네 장난감으로 놀고 싶어서 울잖니. 우리 집에서는 뭐든지 나눠 갖는데."라고 해야 한다.[31]

미국의 심리학자 테레사 애머빌에 따르면 평범한 부모는 아이에게 숙제 시간, 취침시간 등 구체적인 규칙을 평균 6가지 정도 지시하지만 창의적인 부모는 아이에게 하나도 지시하지 않는다. 구체적인 규칙보다는 도덕적 가치를 강조한다. 지시, 윽박지름은 역효과만 낸다.

20. 아이 앞에서 나도 모르게 가끔 거짓말을 한 적이 있나요?
① 있다 ② 몇 번 있는 것 같다 ③ 없다.

아이는 어른들로부터 거짓말을 배운다. 엄마를 찾는 전화가 왔을 때 "엄마 없다고 해라"라고 하면 아이는 자연스럽게 거짓말을 배우고 거짓말이 나쁜 것인지도 모르게 된다.

부모가 세금계산서를 작성할 때 수입을 줄이거나, 아이가 더 어리다며 속이고 입장료를 할인받는 모습을 보고 자란 아이는 거짓말할 가능성이 높아진다. 부모는 정직함의 본보기를 보여야하고, 아이가 거짓말하면 그 이유를 물어보고 문제를 해결해주어야 한다. 특히 아이에게 "거짓말쟁이"라고 하면 절대 안 된다.[32] 그러면 아이가 거짓말쟁이가 되기 쉽다.

아이들 거짓말의 권위자인 캐나다 맥길대 빅토리아 탤워 교수에 따르면 거의 모든 아이들이 거짓말을 한다. 6세 아이들은 한 시간에 한 번씩 거짓말한다. 대부분 규칙위반이다. 그러나 아이가 거짓말을 할 때 부모가 교훈을 가르치는 경우는 1%밖에 안 된다. 거짓말을 하면 구체적으로 거짓행동을 적시하고 가르쳐야 한다.

거짓말은 문제가 있다는 신호다. 아이가 갑자기 거짓말을 많이 하면 괴로운 변화가 있다는 신호다. 아이를 잘 관찰해 괴로움의 원인을 해결하고, 진실이 가치 있는 것이라고 가르쳐줘야 한다.[33]

---

21. 아이가 대들고 반항할 때 어떻게 하시나요?
① 야단친다 ② 설교한다 ③ 인정하고 지켜본다

고분고분 말을 잘 듣던 아이가 어느 날 갑자기 반항하고 대들면 부모님은 당황스럽고 화가 난다. 아빠는 버릇없다고 매를 들 수도 있고 엄마는 큰소리로 야단치기도 한다. 이런 대응은 역효과만 낸다. 특히 사춘기의 반항은 성장을 위한 통과의례인 만큼 조용히 지켜보며 아이의 방황에 동참하면 된다. 아이 스스로도 그런 자신이 고통스럽기 때문이다.

사춘기의 혼란은 성장통이다. 부모로부터 독립하려하고, 어린 시절 형성된 자아를 해체하고 어른으로 성장하려는 것이다. 사춘기는 광기의 시기다. 몸은 급격하게 커지고, 정신적 충동은 강하며, 사회적으로는 서툴고,

자의식은 미성숙하다. 부모는 십대의 고통과 혼란을 인정하고 이래라 저래라 지시하지 마시라.

10대는 자율을 원하면서도 자율성을 충분히 갖추고 있지 못하다. 십대들은 도움을 주면 간섭한다고 하고, 관심을 보이면 어린애 취급한다고 하고, 조언을 하면 지시한다며 반발한다.[34]

아이가 틀린 말을 하면 "그게 아니야"라고 수정해주지 말자. 엇나간다. 그냥 인정하면 나중에 스스로 깨닫는다. 아이의 사생활을 침해하지 말자. 극렬히 반발한다.

"내가 네 나이 때는~"식의 말은 하지마시라. 100% 쓸모없다. 서로 모순되는 메세시를 보내지 말자. "좋아 놀러가라. 그런데 네가 나가면 엄마는 네가 올 때 까지는 잠을 못자." 가라는 건지 말라는 건지 어른이 들어도 화가 난다. 실연, 친구의 배신 등은 스스로 극복해야 한다. 부모는 곁에서 믿음을 갖고 기다리면 된다.

---

22. 살다보면 엉뚱하게 아이에게 화풀이할 때가 있습니다. 그런 다음 어떻게 하시나요?
① 미안하지만 사과는 하지 않는다   ② 행동으로 미안하다는 걸 보여준다
③ 사과한다

부모는 아이가 예의바르고 건설적인 태도로 의사소통할 수 있도록 가르쳐야 한다. 아이는 갈등을 해결하는 법을 배우고 예의를 습득해야 한다. 가능한 아이와 대화를 많이 하고 경청하자. 아이를 오해해 소리를 질렀거나 아이에게 화풀이를 했다면 사과하시라. 자녀도 사과하는 법을 배워 사회성이 좋아진다.

아이와 효과적으로 의사소통하려면 너라는 말보다 나라는 말로 시작하는 것이 좋다고 한다. "너는 정말 버릇이 없구나."보다는 "나는 네가 대화할 때 딴청을 부려 화가 났다"가 좋다.

자녀의 잘못을 일반화시키지 말자. "한 번도 식탁을 치우지 않는구나."보다는 "오늘 저녁에 식탁 치우는 것을 잊었더구나."가 좋다. 과거의 일까지 들먹이지 마시라. 언성이 높아지면 대화를 잠시 중단하는 것도 좋다.[35]

아이를 대하는 가장 좋은 방법은 어른대하듯 존중해주는 것이다. 부모가 아이에게 좋은 것이라고 생각해 그냥 밀어붙여서는 안 된다. 우리가 다른 사람에게 그렇게 할 수 없는 것처럼 아이에게도 그렇게 해서는 안 된다.

평가는 참된 가르침을 주지도 못하면서 사랑하는 사람을 멀어지게 만든다. 물건을 훔친 아이에게 "도둑질은 나쁜 짓이야"라고 말하면 아이는 자신의 행동을 후회하기보다 부끄러움에 괴로워한다. 대신 "네가 가게에서 돈을 내지 않고 사탕을 가져오는 것을 보고 엄마는 걱정했다."라고 하면 아이는 보다 쉽게 마음을 열고 그런 행동을 한 이유를 설명한다.

자식이 생각대로 되지 않는다고 아이에게 화를 내고 질책하는 부모는 아직 어른이 아니다.

"다 너를 위해서야"라는 말은 절대 하지 말자. 스스로 일어날 시간에 일어나지 않을 때는 "더 이상 깨우지 않겠다."고 아이에게 선언하자. 아이가 지각을 하더라도 깨우지 말자. 아이가 정해진 규칙을 어길 때는 부모의 가치관을 진지하게 전달하시라. 아이가 사춘기라면 아이를 교육하는 마지막 시기이자 부모도 성장하는 시기이다.[36]

23. 아이에게 심부름을 시킬 때 돈을 주며 시키나요?

① 그렇다   ② 어쩌다 줄 때가 있다   ③ 안준다

엄마가 '쓰레기를 버리면 용돈을 주겠다.'고 아이에게 제안한다. 그게 몇 차례 반복되면 아이는 용돈을 받지 않으면 쓰레기를 버리지 않는다. 보상은 제공되는 순간 중독성을 띈다. 아이는 쓰레기를 버릴 때 마다 용돈을 기대한다.

당근과 채찍은 자발적인 동기, 창의성을 죽이고 사기 편법 등 비윤리적 행동과 중독을 유발한다. 공부계획이나 진로를 아이 스스로 선택해야 하는 이유다.[37] 인간은 장기판 위의 말이 아니라 장기선수가 되기 위해 태어났다.

아이가 상이나 칭찬에 이끌려 행동하면 자신의 의지로 움직이는 것이 아니기 때문에 상이나 칭찬이 멈추면 행동 또한 멈춘다. 벌이나 채찍으로 잘못된 행동을 막는 것도 마찬가지다. 자신의 의지가 아니므로 벌, 채찍이 없어지면 잘못된 행동을 되풀이한다. 당근과 채찍은 당나귀에게나 통하는 수법이다.

자주 혼나는 아이는 자신감과 용기를 잃고 상처받으며, 오기가 생겨서 다른 사람 말을 전혀 듣지 않는다. 처벌 대신 결말을 경험하게 하시라. 아이가 약속한 식사시간이 지나도 집에 들어오지 않으면 약속한 대로 밥을 주지마시라. 부모가 할 일은 아이의 과제를 해결해주는 것이 아니라 아이 혼자서 과제를 해결하도록 용기를 주는 것이다.[38]

24. 아이의 잘한 행동은 당연한 것이라 생각하고 잘못하면 벌을 주시나요?

① 그렇다 ② 가끔 그렇게 한다 ③ 아니다

아이의 문제행동에 주목하면 아이는 그 문제행동을 반복한다. 부모의 관심을 받기 때문이다. 혼내는 것은 나쁜 행동을 습관화하는 최고의 방법이다. 아이는 부모의 무관심을 가장 싫어한다. 칭찬을 못 받으면 꾸지람이라도 받아야 한다. 그러므로 꾸짖으면 아이는 기뻐한다. 올바르고 적절한 행동에 주목하고 잘못된 행동은 못 본체 무시해야 한다.

아이를 때리는 것은 폭력을 가르치는 것이다. 맞은 아이가 때린다. 미국의 임상심리학자 하임 기너트는 "매는 양심의 발달을 가로막는다. 아이는 잘못된 행동에 대한 대가를 치렀기 때문에 다시 그 행동을 해도 된다고 생각한다."고 했다. 벌을 받으면 아이는 "앞으로 잘해야지."라고 생각하지 않고 발각되지 않는 방법, 거짓말하는 방법에 대해 생각하고 나쁜 짓을 멈추지 않는다.

맞는 아이들은 자신이 잘못해서 맞는다고 생각해 자존감을 잃고 수치심을 느낀다. 자존감이 없으면 당당한 사회인이 될 수 없으며 자기혐오, 대인관계문제, 무력감, 분노 등을 야기한다. 이런 아이들은 동물과 다른 아이들을 학대한다. 완벽주의, 완고함에 빠지고 강박적이고 편협해진다.[39]

처벌로는 비행을 막지 못한다. 책임감 충성심 정직 같은 윤리적 가치는 가르친다고 배울 수 있는 것이 아니다. 살아가면서 존경하는 사람, 부모님을 보고 배운다. 미국 툴레인대학 연구팀이 2,500명의 아이들을 조사한 결과 아이가 잘못했을 때 때리거나, 소리를 지르거나, 방에 가두면 잘못을 고치기보다는 수치심을 느껴 공격적 반사회적 비도덕적인 행동을 하게 된다.

부모가 아이에게 선택의 자유를 주고 의사소통을 통해 해서는 안 되는 일이 있다는 것을 알게 하면 사려 깊게 행동할 수 있다.[40] 자식은 부모가 말한 대로 자란다. 아이들은 부모가 내린 평가를 의심하거나 규명할 능력이 없기 때문이다. 아이들은 "너는 바보야"라는 말을 "나는 바보야"라는 말로 바꾸어 마음에 담는다.

자신을 학대하는 부모와 매 맞는 자신을 동일시하는 아이들이 많다. 가해자와 똑같은 특성을 가지면 자신을 보호할 수 있을 거라고 생각하기 때문이다. 가해자는 강력하고 이길 수 없는 존재다. 그래서 자신을 지키기 위해 무의식적으로 자신을 때리는 부모가 갖고 있는 단점, 즉 자신이 가장 증오하는 그 폭력성을 이어받는다. 그래서 절대로 부모를 닮지 않겠다고 다짐하는데도 그런 부모와 똑같이 행동한다.[41] 무서운 진실이다.

25. 아이에게 "왜 맨 날 그 모양이니?" "너 때문에 못살아." "네가 직접 해봐." 라는 말을 자주 하나요?
① 그렇다   ② 가끔 한다   ③ 안한다

숙제를 안 하는 아이에게 "대체 넌 왜 숙제도 제대로 안하니? 왜 맨 날 그 모양이니?"라는 말은 절대 하지 말자. 부모나 교사가 아이에 대해 부정적인 말을 하면 아이의 성적이 떨어진다. 생각만 해도 그렇게 된다. 골렘효과(golem effect)라고 한다.

아이가 "노을은 왜 빨개요?" "전구는 어떻게 빛을 내요?"라고 물으면 부모는 답을 해주고 "그런 생각을 다 하고, 대단하네."라며 의문을 품은 것 자체를 칭찬한다. 답을 모르면 아이와 함께 답을 찾아본다. 절대로 해서는 안

되는 말은 "네가 직접 찾아봐"다.

"내가 너 때문에 못살아"는 절대 금지다. 부모를 힘들게 하는 행동을 도대체 어디서 누구에게 배웠을까? 부모에게서 배웠다. 그런 말보다는 "그런 행동을 하니 엄마가 많이 속상하네."라고 하시라. 아이가 학교에서 늦게 왔을 때 "어디서 쳐 자빠져 있다가 이제 기어들어와. 지금이 몇 시인 줄이나 알아?" 생각해보라. 이런 말 또한 부모님이 자주 하지 않았는가? 그런 말보다는 "오늘은 많이 늦었네. 연락 없이 늦어서 걱정했어."라고 말하자. 어떤 부모가 자식에게 나쁜 행동을 가르치겠는가. 부모가 부지불식간에 내뱉는 말 한마디, 행동 하나가 아이에게 스며든 것이다.

미국 임상심리학자 토마스 고든이 창시한 부모역할훈련모델에서는 부모가 "엄마가~" 또는 "나는~"식으로 자신을 주어로 해서 아이에게 부모의 감정이나 생각을 표현하라고 했다. 이런 식의 말투가 아이의 자존감과 인격을 건드리지 않으면서 아이의 행동을 변화시킬 수 있다.

26. 아이에게 "같이 하자"는 말보다 "안 돼" "하지마라" "그만해"라는 말을 많이 하시나요?
① 그렇다　② 가끔 그렇다　③ 안한다

훈육은 부모 자식의 관계가 좋아야 효과가 난다. 아이의 감정, 관심, 희망사항을 살피고 아이의 의견을 존중하면 관계는 좋아진다. "안 돼" "하지마" 보다는 "같이 하자"가 좋다. 또 부모의 양육태도가 정확하고 일관성과 원칙이 있어야 아이가 행동의 좌표를 설정한다.

아이는 부모의 사랑이 부족할 때 이상행동을 보인다. 아이는 부모의 통제 속에서 안정감을 느끼고 부모의 사랑 속에서 위로받는다. 엄마가 기분 내키는 대로 훈육하면 아이는 반드시 문제를 일으킨다.[42]

아이에게든 다른 사람에게든 설교하고 야단치고 해석하고 비난하고 시험하고 심판하지 말자. 아이가 보고 배우거나 불안해한다. 아이가 부모에게 순종하며 부모의 마음에 들게 행동할 때 행복한 사람은 아이가 아니라 부모다. 복종하는 아이는 자유의지를 포기하고 두려움과 감정 장애를 보일 수 있다.[43]

훌륭한 선생은 희망에, 보통의 선생은 규칙에, 무능한 선생은 규칙을 어긴 결과 즉 벌칙에 초점을 맞춘다. 훌륭한 선생은 아이들에게 정직한 마음, 바른 태도, 즐거운 학습을 기대한다.[44] 부모는 선생님 이전의 선생님이다.

2부

▲　△　▲

#방치　#스킨십　#아빠역할　#꿈

#칭찬　#성품　#질문　#적성　#약속

자녀교육은 참 힘들다. 고통의 터널을 지나야 할 때가 한두 번이 아니다. 때로는 부모로서 자신이 너무나 못나 보일 때도 있다. 다른 집과 비교하며 자책하기도 한다. 포기할 수도 없다. 그러나 최고로 행복한 시간이기도 하다.

원래 평온한 삶이란 없다. 평온함으로는 아무것도 이룰 수 없다. 창조는 위기 속에서 태어난다. 인생은 너무나 짧다. 늘어지게 한숨자기보다는 격정과 경이로움으로 깨어있어야 한다. 깨어있으면 고통이 따르기 마련이지만 생명체는 상처가 아문 곳이 더 단단하다.

모든 고뇌의 근원인 나 자신과 나 자신의 실수를 용서하며 살자. 남들은 용서하면서 정작 나를 용서하지 못할 이유는 없다. 나는 언제나 열심히 일해야 하고, 화를 내서는 안 되고, 남들에게 허점을 보여서는 안 된다고 생각하지 말자. 누구나 허점투성이인 초짜부모였다.

저 집 아이들은 잘 되는데 내 아이는 왜 이럴까? 남과 나를 비교하면 목만 마른다. "인간의 결점은 잡초와 같아서 부지런히 뽑지 않으면 저절로 자라 정원을 다 차지해버린다. 결점은 순식간에 온 마음을 송두리째 잠식한다."(나폴레옹 힐/성공을 위한 365일 명상) 그렇다. 아이 키우는데 만능인 사람은 없다. 결점 단점을 살피며 수정해나가면 된다.

실패나 좌절이 두려워 시도하지 않으면 성공의 단맛을 볼 수 없다. 베토벤은 음악선생으로부터 작곡가로 가망이 없다는 말을 들었고, 톨스토이는 대학에서 낙제했으며, 처칠은 초등학교 6학년 때 낙제하고 대학에 두 번이나 떨어졌다. 링컨은 대통령이 되기 전에 하원 상원에 출마했으나 세 번이나 낙선했다. 만일 이들이 실패 뒤에 더 도전하지 않았다면 역사적 인물이 되지 못했을 것이다. 에디슨은 전구를 발명하기까지 1,000번 이상 실패했으나 이를 실패라고 보지 않고 단지 성공을 위한 실험이라고 받아들였다. 일어서기 위해 수없이 넘어지는 애기나 이를 지켜보는 부모나 다 마찬가지다.

힘들고 어려운 일 앞에서 열정과 에너지를 발휘할 때 우리는 껑충 성장한다. 아이를 키우면서 부모 역시 더 성숙해진다. 아이의 찬란한 미래는 부모의 인내 속에서 만들어진다. 아이와 함께 하는 시간, 최고로 행복한 시간은 순식간에 사라진다.

27. 아이가 울면서 떼를 쓸 때 어떻게 하시나요?

① 호통친다 ② 그대로 둔다 ③ 바로 달려가 안아준다

어릴 때 받은 신체적·정서적 학대는 뇌의 변연계, 사회적 뇌 영역의 발달에 지장을 준다. 그렇게 되면 성인이 돼서 다른 사람들을 통제하려고 부단히 애쓰고 스트레스를 잘 받는다. 사회적 두뇌는 사회적 경험과 연계되는데 부모가 정성을 다해 자녀를 양육할 때 발달한다. 부모가 일관된 반응을 보이면 아이는 그것을 기준삼아 자신의 행동을 조절한다.[45]

아이가 고통스러울 때 부모가 즉시 달래주면 자신감이 생기고, 관계의 즐거움을 깨달아 주체적인 인간으로 성장할 수 있다. 부모가 아이의 고통에 무관심하면 아이는 우울해지고, 사람을 피하고, 반사회적인 성인이 되기 쉽다.

아이들이 보호자에게 주목하고 보호자가 아이의 신호에 섬세하게 반응하는 것은 서로에게 깊이 들어가는 상호작용이다. 짧은 시간 여러 사람이 돌아가며 한 아이를 돌봐서는 안 된다. 보육원 교사들은 정서적 보살핌보다 신체적 돌봄에 초점을 맞추기 쉽다. 아이들의 울음, 기분의 변화가 무엇을 의미하는지 알고 대응해야하는데 여기에는 무관심하고 먹이기, 기저귀 갈아주기 등에 초점을 맞춘다. 이런 상황에서는 아이가 신뢰와 공감, 자제력을 배우지 못한다. 보호자가 계속 바뀌면 아이의 언어발달도 지체된다.[46]

학업에서 고른 성취를 나타내는 토대는 자기절제력이다. 이는 아이들이 어릴 때 받는 정서적 보살핌에 달려있다.[47] 마시멜로 실험에서 기다렸다 두 개를 먹은 아이들은 사랑받은 아이들이다. 아이의 감정이 존중되고 실패와 약점이 너그러이 수용되어야 한다.[48]

28. 아이가 자주 땅바닥에서 구르며 악을 쓰거나, 만족을 모르고 집착하는 편인가요?

① 그렇다　② 중간이다　③ 아니다

　20세기말 니콜라에 차우셰스쿠 통치 시절 루마니아의 한 고아원에서 수만 명의 아이들을 키웠다. 아이들은 태어났을 때부터 깨어있는 시간의 대부분을 요람에 누워 지냈다. 장난감도 없었고 보육사 한 사람이 15명 이상을 보살폈다. 이 아이들은 미국과 유럽으로 입양됐으나 여러 가지 문제점을 보였다. 몸을 앞뒤로 흔들고 누군가와 몸이 닿는 것을 극도로 싫어했으며 난폭하거나 불안해했다. 스트레스에 과민하고 집중력도 떨어졌다.

　미국 디트로이트 미시건아동병원의 해리 추거니 박사가 이 아이들의 뇌를 촬영한 결과 신경섬유가 훨씬 적고, 주의집중체계가 자리 잡고 있는 대뇌피질의 연결 상태가 불안정했고, 검은 부위가 훨씬 컸다.[49]

　아이는 부모 등 가족 말고는 행동모델이 없기 때문에 집에서 배운 것을 전적으로 믿는다. 부모가 자존감과 주체성 형성에 지대한 영향을 미치며 그때 형성된 인성이 평생 간다.[50]

　그런데 부모가 아이를 방치한다면 그 아이는 닮아야 할 사람도, 존경할 만한 사람도, 동일시할 사람도 없는 것이다. 따라서 적절한 감정적 성숙을 기대하기 어렵고, 주체성에 문제가 생기고, 혼돈과 적대감으로 가득 차게 된다.

　어린 시절, 욕구를 충족한 사람은 인간관계에서 욕구가 적당히 충족되면 만족할 줄 알고 조건 없이 사랑할 줄 안다. 집착하지 않으며, 다른 사람의 선의를 그대로 믿고, 배신으로 인한 실망도 다스릴 줄 알게 된다. 어린 시절 욕구를 채우지 못한 아이는 만족을 모르고 집착하며, 학대와 불행을 견뎌내며, 자신의 감정을 숨기고, 진정한 사랑이나 타인의 친절을 두려워한다.[51] 땅바닥에서 구르며 악을 쓰거나 집착하는 것은 사랑과 인정(認定)이 부족해서다.

아이의 욕구를 충족시켜줄 대안을 제시하자. 또 서로 입장을 바꿔서 '방을 안 치우는 문제' '게임을 못 끊는 문제' '아빠가 화부터 내는 문제' '엄마의 잔소리' 등에 대해 대화를 나눠보자. 그러면 부모 자식 간에 깊이 있는 대화도 나누면서 오해도 풀리고 정도 더 쌓인다.[52]

29. 아이를 안거나 뽀뽀하는 등 스킨십을 자주하고 대화도 많이 하나요?
① 아니다 ② 가끔 그렇다 ③ 자주 한다

아기를 너무 자주 안아주고, 너무 자주 뽀뽀해주고, 너무 자주 젖을 물리고, 운다고 즉시 달려가면 아이의 버릇이 나빠진다? 천만에 말씀이다.

정상적인 부모의 보살핌을 받는 아이는 배가 고프면 먹을 걸 줄 거야, 울면 달래줄 거야, 추우면 따뜻하게 해줄 거야라고 기대한다. 이렇게 아이의 일상생활이 안정적이면 아이는 스스로 중심을 잡고 자신을 통제하는 법을 보다 쉽게 배운다.[53]

미국의 심리학자 해리 할로우박사가 어린 원숭이들을 대상으로 연구했다. 각각 철사와 헝겊으로 만든 어미가 있는 우리에 어린 원숭이들을 넣었다. 철사로 만든 어미에게는 전구가 있어 온기를 느끼고 젖꼭지를 통해 젖도 먹을 수 있었으나 새끼원숭이들은 헝겊으로 만든 어미 품에서 대부분의 시간을 보냈다. 부모와의 포근한 스킨십이 얼마나 중요한지 알 수 있다.

행동과학자들은 수십 년에 걸친 연구결과, 어린 포유동물들이 유대를 맺고 성장하는 데는 피부접촉(스킨십)이 큰 도움이 된다는 사실을 밝혀냈다. 모유수유는 최고의 접촉이다.

아기는 스킨십을 통해 사랑받고 있다는 것을 느낀다. 연구에 따르면 하루 15분 정도씩 아기를 마사지해주면 영아산통과 울음이 줄어들고, 수월하게 잠이 들고, 체중이 늘어난다. 엄마 손이 최고의 약손이다.

심리학자 티파니 필드 박사는 조산아들에게 열흘 동안 하루 세 번씩 마사지를 해주었더니 마사지를 받지 않은 아기에 비해 몸무게가 47% 늘었고 성장속도도 훨씬 양호했다. 병원에서 규칙적으로 마사지를 받은 아기들은 퇴원일이 평균 6일 정도 빨랐다. 직접 만지고 듣고 냄새 맡고 상호작용하는 것만큼 뇌 발달에 좋은 것은 없다. 많이 안아줄수록 머리도 좋아지고 정서적으로 안정돼 지적호기심도 왕성해진다. 피부는 제2의 두뇌.[54]

30. 아버지가 아이에게 '친구 같은 아빠'가 되려고 노력하는가?
① 그렇다 ② 어느 정도는 그렇다 ③ 아니다

"아이에게 친구 같은 아빠가 되겠다."고 말하는 아빠들이 많다. 아이는 가정에서는 '아버지'가 필요하고 밖에서는 친구가 필요하다. 친구 같은 아버지가 되면 아이는 아버지 없이 크는 것과 비슷하다.

친구 같은 아빠, 엄마만 있으면 아이는 자기 통제력을 배우지 못한다. 훈육에는 분명한 제한선이 있어야 한다. 아이가 크면 질서 규칙 법률을 준수하며 살아가야 한다. 이를 어기면 책임져야한다는 걸 배워야 한다.

아빠는 확고한 규칙과 엄격한 교정을 통해 아이의 성장을 유도하자. 아이가 적절한 통제를 받지 않고 크면 비행을 더 많이 저지른다. 아이들은 "오냐 오냐"보다는 한계가 분명한 상황에서 더 편안하게 자유를 느낀다는 점을 명심하자.

훈육은 스스로 자신을 조절할 수 있도록 돕는 것이다. 아이에게 끌려 다니는 것은 훈육이 아니다. 훈육은 처벌이 아니라 제한선을 가르치는 것이다. 그래야 사회성을 키울 수 있다. 아버지가 때때로 버럭 화를 낼 때가 있는데 그러면 아이들은 규칙을 배우지 못하고 눈치를 본다.[55] 자녀의 무례한 행동까지 봐주지 말아야 한다.[56]

31. 아빠가 아이와 열심히 놀아주고 아이교육에도 적극적으로 참여하나요?
① 아니다 ② 가끔 그렇게 한다 ③ 그렇다

한때 '기러기아빠'라는 말이 풍미했었다. 아이가 외국으로 유학가고 어머니가 따라가 보살핀다. 아빠는 한국에 홀로 남아 돈을 벌어 학비 생활비를 보낸다. 요즘은 시들해졌는데 득보다 실이 많기 때문일 것이다.

아이에게는 어머니의 보살핌뿐만 아니라 아버지의 훈육도 필요하다. 엄마는 정서와 언어에 강점이 있고 아빠는 도전정신과 공간 지각력에 강점이 있다. 양친이 있는 아이가 정서적 사회적 인지적으로 더 성장한다.

캐나다 몬트리올대학의 대니얼 패퀘트 교수팀이 12~18개월 된 아이들을 대상으로 여러 가지 실험을 한 결과 아이들은 엄마보다 아빠가 있을 때 더 활동적으로 움직였다. 아빠가 엄마보다 감시를 덜 하기 때문이다. 연구팀은 "부모가 각각 다른 역할을 수행할수록 아이에게 좋다. 아빠가 아이의 모험심을 자극해주면 아이는 위험을 극복하고 경쟁을 두려워하지 않게 된다."고 했다.

미국의 발달심리학자 로스 파크는 20여년의 연구결과를 토대로 친절하고 칭찬 잘하는 아빠가 있는 4세 남아들이 그렇지 않은 아이들보다 지능, 어휘력이 좋다고 했다. 아빠는 성인어, 엄마는 유아어를 잘 쓰기 때문이다. 어린 시절에 아빠가 없으면 수리능력이 떨어지고 성취동기도 낮아진다. 아버지와 상호작용이 이성을 담당하는 좌뇌를 발달시키기 때문이다.

아버지는 자녀에 대한 지식과 일관성이 있어야 하고, 위기상황에서 분별력을 보여주어야 하고, 가족들의 말을 경청해야 한다. 아이의 사회성과 인내심을 키워주는 데는 어머니보다 아버지가 낫다. 아버지의 언어는 세상의 입장을 보여준다. [57]

32. 아이가 어려운 걸 참지 못하거나 유혹에 잘 넘어가나요? (상류층부모가 특히 관심을 가져야할 질문)
① 그렇다 ② 가끔 그런 것 같다 ③ 아니다

미국 컬럼비아대학교 수니야 루타 심리학교수는 1990년대 말 컬럼비아 교외의 부유층 백인 아이들 10학년생 200여명과 저소득층 흑인학생 200여명을 비교 연구했다.

부유층 아이들의 35%가 술 담배 마리화나에 손을 댔으나 빈곤층 아이들은 15%였다. 부잣집 여학생들은 우울증에 걸릴 확률이 가난한 집 여학생보다 더 높았으며 22%는 증상이 심각했다. 원인은 성과에 대한 지나친 압박과 부모와의 신체적 정서적 교류의 부족이었다. [58]

부잣집 아이들은 어려운 걸 참지 못한다. 그런 걸 겪지 않도록 보호받았기 때문이다. 아이들에게는 아무런 불편이 없는 것, 무엇이든 원하면 다 가질 수 있는 환경이 독이 된다. 인내심 자제력이 부족해진다. 따라서 작은 충격이나 유혹조차 참지 못한다. 성공의 가장 큰 자원인 뚝심과 자제력은 실패와 결핍을 통해서 얻어진다. 아이들은 작은 어려움들을 이겨내면서 성취감 자신감 뚝심이 생긴다.

부유층은 아이의 잠재력을 높이는 것이 아니라 그저 삶의 기반을 높여줄 뿐이다. 아이가 상위계층에서 탈락하는 일이 없도록 연줄 따위를 제공해 실패의 확률을 낮출 뿐이다. 이런 아이들 중에 세상을 바꾸는 영웅은 나오지 못한다.

부유층 아이들은 어려운 의사결정을 한다든지 정말 힘든 과제를 만날 필요가 없었다. 그래서 이미 패배한 상태에서 성인의 세계로 들어간다. 대학을 졸업하고 보수가 좋은 직장에 들어가고, 그러다 행여 넘어지면 부모님이 일으켜준다. 아니면 취직할 필요도 없다. 부모의 사업을 물려받거나, 잘되는 다른 사업을 복사한다. 성공한 부모들은 바깥일로 너무 바쁘다 보니 자녀교육에 소홀하기 쉽다. 이 아이들은 심오한 성공의 길을 찾지 못한다.

33. 아이를 야단치면 속이 상해서 바로 사과하나요?
① 그렇다 ② 잠시 뜸을 들인 뒤 사과한다 ③ 나중에 설명한다

아이를 야단치고 바로 사과하면 아이는 혼란스럽다. 아빠가 야단치면 나중에 엄마가 아빠가 왜 그랬는지 설명하면 된다. 아이가 우유를 쏟으면 다음부터는 조심해야겠다는 경험을 얻는다. "내가 미쳐. 우유 빨리 마시라

고 했잖아" 보다는 "괜찮니? 옷 갈아입자."가 좋다. 사소한 일로 야단치지 말고 아이의 미래 같은 더 큰 일에 초점을 맞추자.

사람은 본능적으로 변화를 싫어한다. 아이도 그렇다. 그래서 변화로 인한 이익을 강조하면서 아이의 변화를 유도해야 한다. 사람은 이익보다는 손실을 두 배 더 싫어한다. 아이에게서 무엇을 빼앗거나 금지하기보다는 제안하고 격려하고 칭찬하는 것이 효과적이다.[59]

컬럼비아대학교 월터 미셸 심리학교수는 1960년대에 4살 아이들에게 마시멜로를 주고 "지금 먹어도 되지만 내가 돌아올 때까지 참고 기다리면 두 개를 먹을 수 있다"며 실험했다. 20년 뒤 그는 당시 아이들을 조사했다. 15분을 기다렸던 아이들은 곧 바로 마시멜로를 먹었던 아이들에 비해 수능시험점수가 210점이나 높았고 더 잘 살았다. 참았던 아이들은 참지 못한 아이들보다 부모로부터 사랑을 더 많이 받은 아이들이었다.

아이의 꿈이 무엇인지 아는가? 그 꿈을 위해 아이와 함께 무엇을 했는가? 아이가 꿈이 없다면 꿈을 찾기 위해 어떤 노력을 했는가? 내 아이가 좋아하는 것, 잘하는 것은 무엇인가? 아이가 살 미래는 어떤 인재가 필요한가? 아이의 행복한 삶을 위해 어떻게 키워야하는가? 부모는 이렇게 더 큰 질문을 자신에게 해야 한다.[60] 사소한 일로 야단치고 사과하는 일이 반복되면 아이는 부모의 사랑을 의심한다.

34. 아이가 산만한 편인가요? 엉덩이가 무겁고 집중하는 편인가요?
① 산만하다   ② 중간 정도다   ③ 집중한다

아이가 공부를 하면 뇌 신경세포의 연결부인 시냅스가 변한다. '이 일은 힘들겠어.'라는 일에 도전해 성공하면 뇌는 엄청 좋아한다. 도파민이 팡팡 쏟아져 행복해한다. 그러면 그 일을 할 때 행복감을 느끼고 자꾸 하고 싶어진다. 뇌도 건강해지고 강해진다.[61]

아이들은 놀이터에서 친구들과 놀다가 저녁시간이 됐는데도 집에 들어갈 생각을 못한다. 뇌는 그런 몰입상태를 좋아한다. 공부가 아무리 싫어도 딱 한번만 이 몰입상태를 경험하면 뇌가 책상 앞으로 이끈다. 몰입하면 도파민이 나오고 도파민은 다시 몰입을 부른다. 그러면 공부가 습관이 된다. 그걸로 공부는 끝이다. 부모가 아이의 손을 잡고 도서관에 다니면 그렇게 된다.

동아프리카 탕가니타 호수에 사는 물고기 '시클리드'는 두 종류다. T시클리드는 화려한 색으로 눈에 잘 띄어 새에게 잡아먹힐 가능성이 NT시클리드보다 높다. 그런데 T수컷이 잡아먹히면 그 빈자리를 차지한 NT 수컷이 T로 변신한다. 칙칙하고 순종적인 패자에서 아름답고 지배적인 승자로 변한다. 환경변화에 따른 결과로 생식력도 생기고 공격적이 된다. 예전의 동료였던 NT를 공격하고 암컷을 쫓아다닌다. 이런 변모는 몇 시간 안에 이뤄진다.[62]

승리는 노력, 유전자, 환경의 복합적 결과물이다. 그런데 이 변수들 중에서 자신이 통제할 수 있는 것은 노력과 환경이다. 환경도 어느 정도까지는 통제가 가능하다. 특히 아이들의 환경은 부모와 아이 자신의 노력에 따라 상당부분 바꿀 수 있다. 부모는 좋은 공부환경을 만들어주고 아이는 독서동아리 가입 등의 노력이 가능하기 때문이다. 그러면 집중력도 자연스레 좋아진다.

　개인적 욕심보다는 큰 꿈을 꾸어야 덜 지치고 주변의 격려도 더 많이 받는다. 나 자신보다 타인 사회 국가 환경 인류를 위한 일을 해보겠다는 생각을 하면 그런 자신이 더 자랑스러울 것이다. 무언가 큰 것에 기여하겠다는 자신에 대해 자부심, 자긍심을 느끼면 더 노력하게 된다.

　그래서 개인적 목표보다는 큰 목표를 갖는 것이 의미도 있고 성취할 가능성도 더 커진다. 높고 확고한 인생의 목표를 설정하면 자신의 삶을 대하는 태도도 달라진다. 더 성실하게 노력하고 타인을 더 배려하고 협력할 것이다.

　돈은 자신의 삶과 주변 일들을 통제할 수 있는 강력한 수단이다. 돈 권력 마약은 행복호르몬인 도파민을 분비시킨다. 그러나 돈과 같은 개인적 목표에 너무 몰두하면 고립되기 쉽다.

　또 권력자는 이기적으로 변하기 쉽다. 사람을 이용하려 하고, 자신의 이익이 걸렸을 때는 법과 원칙에서 벗어나 예외적이 된다. 그래서 양심의 가책을 느끼지 못한다. 그러나 타인에게는 원칙과 도덕을 기준으로 들이댄다. 위선자, 이중인격자가 된다.[63] 사람들은 이런 자들을 금방 알아보고 경멸한다.

"넌 특별해" "천재인 가봐."라는 말을 들으며 자란 아이는 왕따 당하기 쉽다. 특권의식에 젖은 사람은 자신의 욕구와 감정에만 집중하고, 자신의 눈으로만 세상을 본다. 따라서 자신의 한계를 벗어나기 힘들다. 우월감에 젖어 남의 말을 듣지 않으니 현명해지기도 힘들다. 다른 사람은 안중에도 없는 사람을 누가 좋아하겠는가?

아이는 부모님의 말을 듣고 자신이 어떤 사람인지, 장래에 어떤 사람이 될지를 정한다. "너는 다른 사람을 도와주는 걸 좋아하는 사람이지" 보약보다 좋은 말이다.

많은 사람들이 "부자 되세요." "대박 나세요."라고들 인사한다. '금전만능주의'를 강화하는 말이다. 방송출연자들이 게임을 하면서 "나만 아니면 돼"라고 외친다. 의미 없는 농담이겠지만 아이들에게는 독이다. 불행한 이웃들 속에서 나만 행복할 수는 없다. 어떻게 나만 아니면 되는가? 공감과 연민이 사라진 사회, 예의와 품격이 사라지고 무례한 행동을 사과할 줄 모르는 사회는 절망을 극복할 수 없다.

남을 인정하지 않으면 나도 인정받을 수 없다. 경쟁에 치인 아이들은 이 시대에 꼭 필요한 '함께 살아가는 법'을 잊어가고 있다. 참된 인간성이야말로 진정한 경쟁력이어서 평생 자녀의 삶을 살찌운다. 물질우선의 경박함, 남을 인정 않는 편협함, 풍요속의 정신적 빈곤이 아이를 갉아먹고 있다.

윌리엄 데레저위츠 예일대 영문학교수에 따르면 스펙쌓기가 아이를 순한 양으로 만든다. 고교생이 대입을 위해, 대학생이 입사를 위해 스펙을 쌓아올리는 이유는 남보다 더 많은 스펙을 쌓기 위해서다. 상대가 9천개의 원자폭탄을 보유하기 전까지는 누구도 1만개의 원폭을 가질 이유가 없다. 다른 학생이 과외를 9개 하기 전까지는 누구도 10개를 할 필요가 없다. 그렇게 많이 해서 뭘 하겠는가? 학원을 순례하는 아이가 언제 새로운 것에 도전하겠는가?

37. 아이가 사회성이 좋고 밝은가요?
생각이 많고 스트레스를 자주 받나요?
① 스트레스를 많이 받는 편이다 ② 중간이다 ③ 밝고 사회성이 좋다

2009년 미국 코넬대학 연구원 게리 에번즈와 미셸 샘버그는 뉴욕주 북부에 사는 17세 청소년 195명을 검사한 결과 가난한 집안의 아이라도 스트레스가 적으면 성적이 좋을 수 있고, 부잣집 아이라도 스트레스가 심하면 성적이 떨어졌다. 스트레스에 영향을 받는 뇌의 전전두엽은 20대초까지 변화, 성장한다. 스트레스를 줄여줄수록 성공의 길이 넓어진다.

캐나다 맥길대학의 마이클 미니 교수팀은 엄마 쥐로부터 핥기와 쓰다듬기를 받은 쥐와 받지 못한 쥐의 행동을 비교했다. 차이는 현저했다. 애정을 받은 쥐들은 미로 빠져나오기, 사회성, 호기심, 자기 통제력이 더 왕성했으며 공격적 성향은 적었고 수명은 길었다. 이것은 유전자가 아니라 양육방법-핥기와 쓰다듬기-의 차이가 낳은 결과였다. 어미의 사랑이 뇌와 행동방식을 바꿔놓았다.

어떤 부모에게서 태어났느냐보다는 어떻게 양육, 교육받느냐가 더 중요하다. 캐나다 토론토대학교 메리 에인즈워스는 1960~70년대 연구에서 초기에 부모로부터 사랑을 많이 받은 아이들은 평생 사회성이 좋았고, 엄마로부터 애정을 받지 못한 아이들의 90%는 의존도가 높고 반사회적이며 성적이 나쁘고 미숙하다고 발표했다. 부모의 따뜻하고 섬세한 보살핌이 아이

가 세상을 살아가는 기반이 된다.[64]

38. 아이의 공부목표가 '공부 열심히 하자'처럼 포괄적인가요 아니면 '하루 영어단어 20개 외우기'처럼 구체적인가요?
① 잘 모르겠다　② 포괄적이다　③ 구체적이다

공부를 잘하려면 내적 동기가 중요한데 이를 위해서는 꿈이 있어야 한다. 어떻게 살까, 무엇을 하고 살까를 생각해보는 것이다. 내가 좋아하는 것과 함께 나 스스로를 자랑스럽게 만들어줄 꿈을 정하는 것이 먼저다.

꿈을 정한 다음 학습목표를 정한다. 학습목표는 구체적이고, 실천가능해서 성과가 나와야 한다. '공부를 열심히 한다'가 아니라 '하루에 영어단어 20개 외우기' '수학공식 3개 완전히 이해하기' 등으로 정해야한다. 학습목표는 자기역량을 생각해 스스로 정한다. 조사에 의하면 최상위권 학생은 주당 40시간, 상위권은 20시간을 혼자서 공부한다. 하루 6~3시간이다. 중학생은 하루 3시간 이상 혼자서 스스로 공부해야 한다.[65]

창의력과 기초실력이 최고조에 달하는 시기는 25세 때다. 10대에 공부 좀 못했다고 포기하는 것은 너무 빨리 포기하는 것이다. 그런데 사춘기의 격랑이 공부를 방해한다. 10대의 뇌는 이성과 논리를 담당하는 전두엽이 미완성이어서 위험, 유혹에 대한 통제가 어른보다 어렵다. 청소년들은 위험한 행동을 했을 때 뒤따를 안 좋은 결과보다는 그 행동으로 인한 즐거움을 더 크게 기대해 위험한 행동을 마다하지 않는다.

청소년기는 뇌의 가소성(변화가능성)이 높아 학습과 기억도 빠르게 이루어진다. 위험한 것도 잘 학습한다. 뇌는 보상을 갈망한다. 행복호르몬인 도파민의 생성을 자극하는 것이면 무엇이든, 선악과 무관하게, 보상으로 해석해 뇌가 흥분한다.[66] 그래서 도파민을 부르는 게임을 끊고 하기 싫은 공부를 하려면 습관이 돼야한다.

39. 아이에게 닫힌 질문을 하나요? 열린 질문을 하나요?
① 닫힌 질문을 한다   ② 생각 안 해봤다   ③ 열린 질문을 한다

무엇을 생각할 것인가가 아니라 어떻게 생각할 것인가를 가르쳐야한다. 생각하는 법을 배우고, 호기심이 강한 아이에게는 더 많은 가능성이 열린다. 학교 다녀온 아이에게 "선생님 말씀 잘 듣고 공부 열심히 했니?" 대신 "오늘 어떤 질문을 했니?"라고 말하자.

질문을 통해 아이의 사고와 지적 호기심을 자극하자. 토끼와 거북이 경주에서 "누가 경주에서 이겼어"는 닫힌 질문(답이 하나만 있는 질문)이다. 열린 질문(답이 여러 개)은 "토끼가 거북이에게 졌을 때 어떤 생각이 들었을까?"다.

우리아이들이 성인이 됐을 때는 지식의 양이 아닌 사고력, 상상력으로 살아간다. 아이는 열심히 생각해야한다. 질문식 교육을 지속적으로 받으면 깊이 있게 생각하는 법을 터득하게 되고 문제의 핵심에 도달한다. 교육은 토론을 통해 일어나는 교환과 자극이다.[67]

영화 '아이언맨'의 주인공 토니 스타크의 실제 모델이자 전기자동차 회사인 테슬라 모터스의 CEO 앨런 머스크의 어머니 메이 머스크(1948~). 그녀는 고령에도 왕성하게 활동하는 패션모델이자 세계적인 영양학자다.

그녀는 자녀가 두 명 더 있는데 한 명은 잘 나가가는 요식업체 사장이고 다른 한명은 촉망받는 영화감독이다. "예절은 엄하게 가르치되 다른 잔소리는 하지 않았어요. 다만 부지런히 사는 내 모습만 보여줬을 뿐입니다"

두 남매를 잘 키워 특목고, 1류 대학을 졸업시킨 오 여사. 두 남매는 어머니가 손수해주는 간식에 좋은 음식, 좋은 선물을 늘 받았다. 친척들이 놀러와도 방에서 공부만 했고 방에서 나와 인사하는 것도 드물었다. 공부리듬을 깨지 않기 위해서다. 4촌들이 와도 좋은 음식은 두 남매에게만 먹였다.

딸은 결혼한 뒤 발길을 끊었고 아들은 D급 며느리와 결혼하겠다고 해 오 여사와 갈등했다. 아들도 결혼한 뒤 발길이 뜸하다. 오 여사는 두 남매에게 정성을 들이느라 사적 모임도 못나가 친구들이 없다. 결국은 외로운 노년을 화병을 키우며 보내고 있다.

반면에 김 여사는 아들이 셋인데 모두 2~3류 대학을 나와 취직하고 착한 며느리를 보았다. 김 여사는 행복한 노년을 보내고 있다. 김 여사는 어른에게 인사하는 법 등 예의범절부터 아이들에게 가르쳤다. 누가 자식교육을 잘 시킨 것인가?[68]

내 아이지만 재능과 소질을 파악하는 게 보통 어려운 일이 아니다.

재능은 생산적으로 쓰일 수 있는 사고(思考) 감정 행동의 반복적인 패턴이다. 이 패턴은 어떻게 만들어질까? 시냅스(뇌세포의 연결부)가 만들어낸다. 수정된 난자가 자궁에 착상하고 42일이 지나면 뇌가 4개월 동안 급성장해 뇌세포가 대략 1천억 개로 늘어난다. 아기가 세상으로 나오기 60일전부터 뇌세포는 서로 통신하기 위해 노력한다. 태어난 뒤 3년 동안 1천억 개의 뇌세포는 각각 1만5,000 개의 시냅스를 만든다. 1천억 × 1만5,000. 뇌는 우주나 다름없다.

그러다 세 살부터 15세까지 이 연결망의 절반이 용도 폐기된다. 뇌는 자주 사용하는 시냅스를 더 잘 사용할 수 있도록 사용하지 않는 시냅스의 기능을 삭제한다. 이 선별작업은 유전과 유아기의 경험을 바탕으로 이루어진다. 좋아하거나 재능이 있는 분야의 시냅스는 살아남는다. 이것이 사람마다 갖고 있는 천성, 재능이다.

매 순간 이성적인 판단에 의해 의사결정을 내리면 에너지 소비가 많아 피곤하다. 따라서 어떤 상황이 발생하면 뇌는 본능과 천성을 따른다. 저항(에너지소비)이 가장 적은 시냅스의 결정 즉 재능을 따르는 것이다.

기술은 어떤 것을 할 수 있는 수단과 방법이다. 농구에 재능이 없는데 훈련만 반복하면 그 효과가 나타나기 전에 기진맥진한다. 없는 시냅스를 만들려고 하기 때문에 에너지를 많이 소비해서 그렇다.

없는 시냅스는 15살 이후 거의 만들어지지 않는다. 재능은 자신도 모르게 저절로 발휘되며 재능을 발휘할 때는 기분이 좋아진다.[69] 그래서 노력하는 사람이 즐기는 사람을 못 당한다. 따라서 재능을 알아내 기술과 지식으로 갈고 닦으면 반드시 성공한다.

부모님은 아이의 재능, 적성과 소질을 어떻게 하든 찾아내야만 한다. 아이가 어떤 분야의 책을 좋아하는 지, 남들과 잘 어울리는지 아니면 혼자 생각하는 걸 좋아하는지, 나서기를 좋아하는지 남들을 따라하는지, 꿈과 목표가 무엇인지 등등을 관찰하고 대화하면서 시간과 노력을 들여야 겨우 찾을 수 있다.

42. 아이가 매사에 신중하고 부정적인가요 아니면 긍정적이며 감동을 잘하나요?
① 신중하고 부정적이다 ② 중간이다 ③ 긍정적이며 감동을 잘한다

일본 니혼대학 의과대 하야시 나리유키 교수는 재능은 선천적이기도 하지만 환경에 의해 변한다고 했다. 유전자가 변하는 게 아니라 유전자가 일을 처리하는 과정, 즉 기능이 변한다.

그에 따르면 매사에 흥미를 갖고 정보를 긍정적으로 받아들이면 이해력 사고력 판단력이 좋아진다. 따라서 성격이 어두우면 공부, 운동에서도 능력을 충분히 발휘하지 못한다. 성격이 어둡다는 것은 자기보존본능이 강해서 지나치게 신중하고 매사를 긍정적으로 보는 힘이 약한 상태다. 어릴 때 부모님의 사랑이 부족하면 이렇게 된다.

부모가 아이 앞에서 "무리야" "큰일이다" "못하겠어." 같은 말을 하지 말아야 한다. 매사를 삐딱하게 보면 안 된다. 못한다고 생각하면 뇌는 정보를 부정적으로 인식하기 때문에 이해력 기억력도 떨어진다.

반복해서 생각하는 습관을 키워야 한다. 독창적인 아이디어는 생각을 반복할 때 나온다. 성취 = 노력 × 재능 × 기술이다. 노력을 통해 기술이 생기고, 재능이 있으면 같은 기술을 써도 성취가 커진다.[70]

43. 아이와 터놓고 대화하며 등산 여행 등 여러 가지를 같이 하시나요?
① 그럴 시간이 없다 ② 가능한 하려고 한다 ③ 그렇다

좋은 부모는 너그럽다. 아이가 부정적인 감정을 자유롭게 말하게 한다. 능동적, 독립적, 창의적인 아이는 대부분 이런 부모 밑에서 자랐다. 아이가 마음을 솔직히 표현하며 성장하면 타인에게 적대감이 없고 외향적이며 사회적응력이 높다.[71]

아이가 어른이 되어 난관에 부딪히면 어린 시절 부모님이 들려준 이야기, 즉 인생의 지혜가 떠오른다. 지혜는 경험과 비례한다. 그래서 부모님은 아이와 함께 전시회관람, 음악회나 도서관가기, 여행, 등산 등 많은 것을 같이해야 한다. 과거로부터 내려온 지식과 지혜는 풍요로운 자원이다. 아이에게는 부모님이 문명과 문화 즉 자원이다.

44. 아이가 "싫어" "주세요." "나" "지금"이라는 단어를 많이 쓰나요?
① 그렇다 ② 잘 모르겠다 ③ 안 쓴다

요즘 아이들은 버릇이 없다고들 한다. 엄마가 아이의 기를 죽이지 않기 위해 공공장소에서 날뛰는 행동까지 내버려두기 때문이다. 이런 아이는 당연히 인기가 없다. 이런 아이는 "싫어" "주세요." "나" "지금"이라는 단어를

많이 사용한다. 참지 못하기 때문이다.[72]

부모가 아이를 버릇없게 키우거나, 부모가 이기적으로 행동한 결과다. 또 부모가 생각 없이 거들먹거리거나, 배려를 모르거나, 아이의 행동에 한계나 규칙을 정하지 않으면 이런 아이로 자라난다.

아이가 잘못하면 부모는 화가 난다. 화만 내서는 아이의 행동을 고치지 못한다. 아이에게 그런 행동은 하지 말아야 하는 이유를 설명하고 앞으로는 하지 않겠다는 약속을 하도록 해야 한다. 그런 행동을 또 할 경우 벌을 약속하고, 약속을 했으면 반드시 지켜야 한다. 지킬 자신이 없으면 안 하는 게 낫다.

아이가 떼를 쓴다고 잘못된 행동을 허락하거나 약속한 벌을 주지 않으면 아이는 응석받이가 된다. 학교나 사회에서 제구실을 못할 가능성이 커진다. 단호할 때는 단호해야 아이가 자기절제를 배운다.

45. 아이가 하는 일에 사사건건 끼어들고 잘못하면 질책하나요?
① 그렇다 ② 그럴 때가 가끔 있다 ③ 안 그런다

아이가 좀 서툴게 보이면 "이렇게 하는 편이 낫지 않겠어?" 아이가 실패할 것 같으면 "그게 아니고"라며 끼어들기 쉽다. 그러면 아이는 생각할 시간을 갖지 못하고 부모님의 생각을 그대로 받아들이는 로봇이 된다.

아이가 위험하지 않는 한 아이 스스로 하도록 맡겨두어야 한다. 그러면 아이는 반드시 해내고 자신감과 창의력이 쌓인다.[73] 지혜는 지식+경험이다. 여러 가지에 도전하고 혼자서 해내면서 지혜를 쌓는다.

아이와 대화할 때는 상황에 대해 말해야지 아이의 성격을 지적하면 안 된다. 아이가 도서관에 책을 반납하지 않았다. "너 도서관에 책을 반납해야 겠더라. 기간이 넘었어."는 좋다. "너 무책임한 거 아니냐? 다른 아이들이 책을 못 보잖아. 왜 그렇게 꾸물거리니?"는 나쁘다.

아이에게 명령하지 말고 상황을 설명하라. 아이가 스스로 결론을 내리게 해야 반감이 줄고 협력한다. 아이가 "시험 준비를 못했어요." 라고 하면 "왜 준비 못했어?"라고 물으면 안 된다. 그래봐야 변명, 거짓말만 부추긴다. 대신 "문제네. 어떻게 하면 좋겠니?"라고 하자. 그러면 아이는 존중받는다는 느낌을 갖고 자율성과 책임감을 기른다.[74]

46. 아이를 사랑하지만 불쑥불쑥 화를 낼 때가 있나요?
① 있다 ② 가끔 그렇다 ③ 안 낸다

아이는 부모, 환경과 반복적으로 상호작용한 경험을 기초로 해서 행동기준을 설정한다. 부모로부터 일관되게 사랑을 받은 아이는 자신이 사랑받을 만한 가치가 있는 존재이며 보호자를 믿을 수 있다는 행동기준을 갖게 된다. 반면 부모가 아이를 사랑하면서도 불쑥불쑥 화를 내면 아이는 세상을 위험한 장소로 보고 다른 사람을 불신하게 된다.

자녀는 부모의 행동을 보고 배운다. 부모의 말은 필요 없다. '나는 내 아버지처럼 하지 말아야지' 하는 바로 그런 행동을 자신도 모르게 아이들에게 하는 부모들이 많다.

이것은 감정의 학습 때문이다. 학습을 하면 뇌 안에서 서로 무관하던 뇌세포들이 연결돼 그 학습을 위한 회로가 만들어진다. 어릴 때 특정자극과 그에 따른 감정을 반복적으로 경험하면 그 감정을 위한 뇌신경회로가 고속도로처럼 탁 트인다. 그래서 비슷한 자극이 들어오면 객관적 상황을 고려하지 않고 그 회로가 자동적으로 작동해 똑같은 감정으로 반응한다. 어린 시절의 틀에서 벗어나기 어려운 이유, 사람이 안 변하는 이유다.

인간은 편안할 때는 이성적 판단을 내릴 수 있지만 불안하거나 스트레스를 받을 때는 감정에 휘말려 예전에 자신이 봤거나 자신이 했던 대로 반응한다. 아버지의 폭력적인 면이 그렇게 싫었는데도 보고 배운 게 그것뿐이니 화가 나면 폭력성을 드러낸다.

행복은 자신의 인적 관계망(네트워크), 소속집단(가족 회사)으로부터 나온다. 아이가 행복하려면 부모가 행복해야 한다. 부모부터 신체적 정서적 관계적으로 건강해야 한다.[75]

47. 아이에게 "부탁해"라며 심부름을 시키고 심부름을 마치면 "고마워"라고 하나요?
① 당연한 거라 그냥 시킨다   ② 가끔 "고맙다"고 한다   ③ 매번 "고맙다"고 한다

예의 없는 사람은 사회성이 부족한 사람이다. 친구를 얻기 힘들다. 예의 도덕은 학습되는 것이고 그 출발지는 가정이다. 일상에서 부도덕한 행위에 대해 부모가 어떻게 반응하는지가 중요하다. "우리가족은 항상 다른 사람에게 정직해야 돼." "내가 대접받고 싶은 만큼 다른 사람을 대접해야 돼." 아이에게 "부탁해"라고 하고 심부름을 마치면 "고마워"라고 말하시라. 아이는 그런 태도를 배워 다른 사람에게도 그대로 하게 된다.[76]

한 걸음 더 나아가 아이와 이런 대화를 해보자. "세상에는 너의 재능이 필요해. 고통 질병 빈민가가 있기 때문이야. 너는 이웃의 고통을 알아줄 수

도 있고 고통을 가할 수도 있어." 이런 말을 들으며 성장한 아이는 인생관 세계관이 깊어지고 많은 사람들이 친구가 된다.

"그 선생님의 눈을 통해서 보면 우리는 능력 있고 기품 있고 위대하게 될 운명이었다. 선생님은 우리의 꿈에 방향을 제시했고, 우리의 운명이 희망과 행동을 통해 꾸준히 전진할 것이라는 확신을 주었다. 우연이 우리의 삶을 결정짓게 하지 않겠다는 자신감, 행복은 우연한 사건에 따라 결정되는 것이 아니라는 확신을 주었다."[77] 비단 선생님뿐이겠는가? 부모님의 역할이 먼저이고 더 중요하다.

48. 아이가 자신의 방을 청소하겠다고 약속하고 하지 않으면 어떻게 하시나요?
① 화를 내며 야단친다 ② 화를 내며 내가 하고 만다 ③ 대화로 풀어나간다

"아이를 불행하게 만드는 가장 확실한 방법은 아이가 원하는 것을 언제든 들어주고, 무엇이든 가질 수 있게 해주는 것이다.(프랑스 교육학자 장 자크 루소)"

프랑스 엄마들은 '헌신적인 사랑' '극성육아' '헬리콥터육아'라고 하면 깜짝 놀란다고 한다. 그들은 '엄격한 틀이 있는 육아' '원칙이 뚜렷한 사랑' 아래 규칙과 예절을 강조한다. 아이가 청소를 안 하면 그것을 아이와 함께 풀어가야 할 문제라고 생각하고 서로 대화한다. 그러면 감정이 상하지 않고 논리적으로 풀어갈 수 있다.[78]

프랑스 아이는 유치원 갈 준비를 스스로 한다. 식사시간에는 모든 가족이 식사를 마칠 때까지 식탁을 떠날 수 없으며 식사 중에 돌아다닐 수 없

다. 갓난아이가 아니면 부모가 절대로 밥을 먹여주지 않는다. 예절, 절제력, 규칙을 익히고 깨닫게 하기 위해서다. 아이가 떼를 쓰면 "기다려"라고 말한다. 아이가 떼를 써서 원하는 것을 얻어내면 규칙을 무시하게 된다. 아이를 오냐오냐 키우는 것은 아이에게 멍에를 씌우는 것과 같다.

49. 아이가 집에서 혼자 있는 시간이 많은가요?
① 많은 편이다 ② 약간 그렇다 ③ 아니다

인간에게 최악은 혼자 있으면서 할 일이 없을 때 느끼는 고독감이다. 외로움은 사람을 불안하고 무기력하게 만든다. 사람에게는 집중해야할 외적 목표와 자극, 피드백(환류)이 필요하다.[79] 한창 커가는 아이들은 더더욱 그렇다.

요즘 딸 대신 아이를 키워주는 친정어머니, 시어머니가 많다. 문제는 할머니가 체력이 떨어지면 아이에게 텔레비전이나 교육용 비디오를 틀어주고 잠든다는 것이다. 아이는 우두커니 거실에 홀로 앉아 외롭게 텔레비전이나 비디오만 봐야 한다.

어린 아이에게 교육용 비디오는 독이다. 3세까지는 뇌신경회로가 발달하지 않아 비디오가 일방적으로 쏟아내는 정보가 뇌에 엄청난 부담을 준다. 이래저래 아이 키우기 쉽지 않다.

사람에게는 '살고 싶다' '알고 싶다' '어울리고 싶다'는 본능이 있다. 아이는 이 본능으로 인해 경쟁, 도전, 흉내 내며 주위사람들과 친하게 지내고자 한다.

아이가 장난감정리를 싫어할 때 "누가 먼저 하나 내기할까?"라고 하면 신나게 정리한다. 이것은 '살고 싶다'는 본능이 낳은 경쟁심리다. 아이는 과도한 주입은 싫어하지만 새로운 것을 조금씩 배우는 것은 좋아한다. '알

고 싶다'는 본능 때문이다.[80]

맞벌이가 많은 시대다. 할머니가 좀 힘들더라도 아이의 이런 점에 대해 공부하시고 조금 더 신경 쓰는 길 밖에 없다. 어떻게 하더라도 어린 아이를 혼자 두어서는 안 된다. 정 어려우면 어린이집 유치원 학원 학교 등에서 다른 사람과 함께 시간을 보내야 한다.

50. 아이의 눈에는 사물이 엄청나게 크게 보인다. 아이의 눈높이에 맞추려고 노력하나요?
① 안한다 ② 가끔 그렇게 한다 ③ 아이의 눈높이에 맞춘다

부모님이 어릴 때보던 학교운동장은 엄청나게 컸다. 성인이 돼서 가보면 운동장이 너무나 작은데 놀란다. 아이들 눈에는 사물이 엄청나게 크게 보인다. 아이들은 흔히 좀 큰 건물은 "산처럼 크고" 좀 큰 사람은 "거인"이라고 말한다. 아이 눈에는 그렇게 보이는 것이기에 사실을 말한 것이다. 그럴 때 부모님이 "허풍이 심한데" "무슨 소리야"라고 말하거나 생각하면 아이는 앞으로 사실, 진실을 말하기를 꺼리거나 거짓말을 할 수도 있다.

정교한 삶의 예술을 전달하는 데는 쇠망치보다는 부드러운 붓이 더 낫다. 아이에게는 그런 말 대신 따뜻한 설명이 필요하다. 아이에게 "허풍이 심하다"고 하면 아이는 앞으로 허풍쟁이가 될 가능성이 높아진다. 허풍이 심한 아이에 맞춰 살아야 되니까.[81]

아이가 울거나 화를 낼 때 그 감정에 동참해주면 화와 설움이 풀린다. 아이와 같은 편이 되면 된다. 아이가 화를 내거나 울 때 "왜 그래? 괜찮아."같

은 말은 하지 말자.

아이가 이런 말을 들으면 자신의 감정이나 판단과 다르므로 어찌할지 몰라 당황스럽다. 설득 대신 위로가 필요하다. 넘어져 우는 아이에게 "괜찮다"는 말 대신 "많이 아프겠다."라며 안아주면 된다. 아이가 소리 지르며 울 때 부모님이 같이 화를 내거나 벌을 주면 아이의 행동을 고칠 수 없다. 그저 포근히 안아주고 좀 가라앉은 다음에 말로 설명하고 대화를 나누면 된다.

51. 교육용 비디오가 아이에게 도움이 된다고 생각하나요?
① 그렇다 ② 생각해보지 않았다 ③ 득과 실이 있다고 생각한다

아이에게 반복적으로 주입되는 정보나 지식, 훈련은 뇌 안에 그것을 위한 정보고속도로를 만든다. 아이가 시각적 자극을 계속해서 받으면 이를 위한 두뇌영역은 발달하지만 다른 영역은 위축된다. 두뇌가 고르게 발달해야 할 어린 아이에게는 큰 손실이다.

아이는 교육용 비디오에 당장 호기심을 갖고 집중한다. 엄마는 교육에 좋을 것으로 생각하지만 오해다. 시각적 자극이 계속되면 인지능력, 사고력이 위축된다. 자극이 들어오면 생각을 해야 하는데 자극이 계속 쏟아져 들어오니 생각할 틈이 없어지기 때문이다.

미국 워싱턴대학 소아과연구팀에 따르면 유아가 텔레비전을 과하게 보면 집중력결핍, 이해력감퇴, 비만 등의 부작용을 낳는다. 미국 소아과학회는 2세 미만은 성인용은 물론 유아용 텔레비전 프로그램, 유아용 교육비디오도 봐서는 안 된다고 권했다. 두뇌를 발달시키려면 자신의 노력으로 만족감, 몰입감을 느껴야 한다. 그런데 아이가 비디오나 텔레비전을 보면 일방적으로 정보폭력을 가하는 것이어서 생각이 마비된다. 텔레비전을 바보

상자라고 하는 이유다.

아이가 육체적 정서적 사회적으로 만족감을 느끼면 세상은 질서 있고 예측가능하며 배려해주는 곳이라 생각한다. 그렇지 않으면 자신을 방어하느라 모험심 호기심이 사라진다. 이런 아이는 미숙한 어른이 돼 조상 탓, 부모 탓을 한다.[82] 엄마가 아이에게 비디오를 주는 대신 많이 안아주고 대화를 많이 해야 하는 이유다.

비관적인 사람은 현실에 좌우되는 반면 낙관적인 사람은 현실에 대항해 강력한 방어벽을 구축하고 유쾌함을 잃지 않는다. 어릴 때 사랑결핍, 스킨십 부족이 비관성을 부른다.[83]

#용기리 #별그림요 #민규기

#녹사 #가돈기 #강주리

▼ ▽ ▼

남들은 나보다 더 행복할 것 같지만 그렇지 않다. 사람마다 다른 삶을 살지만 행복과 불행의 양은 누구에게나 비슷하다. 행복총량의 법칙이다. 어려움을 겪어야 할 때는 겪어야 하고, 죽어야 할 때는 죽어야 한다. 이런 생각이 재난과 죽음을 피하는 가장 쉬운 길이다.

독일의 여성작가 루이제 린저는 "우리의 삶에서 멋지고 아름다운 순간-사랑하거나 아이를 낳거나 진리를 발견하는 순간은 오래가지 않는다. 우린 그저 슬쩍 맛보듯 구경했을 뿐인데 다시 빼앗기고 만다."고 했다.

'위대한 예술가들은 자신들이 몰두하고 있는 일에서 인생의 진지함과 불확실함을 느끼고 사색했다. 그들은 현실로부터 도피하려는 생각은 추호도 없었다. 그들은 세상의 부조리를 비웃었으나 그것을 부인할 생각은 꿈도 꾸지 않았다. 인생의 불완전함을 인정해야 위협적인 현실에 대항할 수 있다.'(헝가리 예술사회학자 아놀드 하우저)

넘치는 감상(感傷), 우월감, 자기동정은 피해야 한다. 시인 피천득은 "당신은 인생을 사랑했습니다. 인생이 길 없는 숲과 같아서 거미줄이 얼굴에 엉키고 나뭇가지에 눈이 찔려 눈물이 날 때, 현실을 떠나고 싶어 하다가도 당신은 다시 현실로 돌아옵니다."고 했다. 삶이 힘들 때 나오는 한숨은 잘살아보자는 다짐이어야한다.

운명이란 내가 피할 수 없는 것이 아니라, 피할 수 있는데도 그 길로 가는 것이라고 한다. 조금만 참고 노력하면 피할 수 있는 것들, 즉 성장과 발전, 수양과 품격, 진정한 행복에 장애가 되는 많은 것들을 피하지 않는다. 예수님도 이를 안타까이 여기사 "좁은 문으로 들어가라. 멸망으로 인도하는 문(게으름 탐욕 타락 중독 비리 등등)은 크고 넓어 그리로 들어가는 자가 많고, 생명으로 인도

하는 문(정직 노력 헌신 배려 등등)은 작고 좁아 찾는 이가 적다"고 했다. 나는 열심히 살고자 하고 의미 있는 일을 하고자 하지만 그보다는 우선 편한 것, 감각적 쾌락을 찾는 것이 보통의 삶이다. 그래서 어제의 나와 오늘의 내가 달라지지 않는다.

'산다는 것'은 살면서 겪는 10%의 상황, 그 상황에 어떻게 반응하고 대처하느냐 하는 90%의 결정으로 이루어지지만 제대로 결정하기란 너무나 어렵다는 것을 우리는 늘 느끼며 산다. 그런 삶을 뛰어넘은 사람을 우리는 영웅, 위인이라고 칭송한다.

아이 키우기는 너무나 힘들지만 꼭 해야만 하는, 아름다운 지상과제다. 어쩌면 부모로서 인내와 고통이 따르는 인생 최대의 난제일 수 있다. 그러나 그 과정이 그리 길지는 않다. 그 시간을 지혜롭게 보내면 우리 아이는 반드시 이 세상에 도움이 되는 **훌륭한 인재**로 성장한다. 아이와 함께 하는 그 시간! 너무나 즐겁고 행복한 시간이다. 부모님은 '최고의 보석'을 깎아낸 보람으로 평생 따뜻한 행복감에 젖을 수 있다.

독서는 공부뿐만 아니라 '인생의 모든 것'에 대한 왕도다. 만병통치의 힘을 주고 새로운 길을 열어준다. 부모님은 아이의 손을 잡고 도서관에 다니시라. 독서가 정 싫다면 종이로 된 종합일간지를 읽는 모습이라도 아이에게 보여주시라.

52. 아이가 책을 많이 읽나요?

① 전혀 안 읽는다   ② 어느 정도는 읽는다   ③ 많이 읽는다

독서하면 모든 공부를 잘 할 수 있다. 국어는 물론 수학 과학도 독서를 안 하면 성적이 잘 오르지 않는다. 독서하면 배경지식이 늘고 어휘력이 풍부해지고 독해력 사고력이 좋아진다. 독서카드를 만들면 좋다. 독서카드가 쌓이면 자신의 경력, 콘텐츠가 되며 지속적으로 관심을 보였던 독서분야가 나타난다. 이를 통해 적성과 꿈도 찾을 수 있다.

창의력 상상력 감수성 사고력을 요구하는 시대다. 독서가 유일한 해결책이다. 독서는 가장 값싸게 하는 세계여행, 역사체험, 인간이해, 삶의 경험이다.

2002년 '미국의 리더는 어떻게 만들어지는가?'라는 연구를 보면 사회를 이끌어가는 리더들은 초등학교 때 좋은 책을 많이 읽었다. 그 때 읽은 책의 양과 질이 그 사람의 인생의 방향과 질, 소득을 결정했다. 독서는 사람을 정서적으로 풍부하고 도덕적으로 만든다.[84]

운명을 바꾸고 싶으면 독서하라. 책에는 내가 원하는 사람, 내가 되고자 하는 사람이 나오고 내가 한 번도 꿈꿔보지 못했던 사람이 될 수 있는 기회도 쌓여있다. 사람의 경험, 체험은 제한적일 수밖에 없다. 독서는 그 한계를 무너뜨린다. 사람은 머릿속에 없는 일을 할 수는 없다. 모르는데 무슨 일을 하겠는가?[85] 그래서 독서로 머리를 채워야 한다. 독서는 다름을 인정하는 힘을 키우고, 영감을 주고, 시련에 맞서는 용기와 방법을 제시한다.

독서의 첫 번째 위기는 초교 1학년 때다. 아이가 글을 안다고 부모님이 더 이상 책을 읽어주지 않는다. 초교 저학년까지는 부모님이 책을 읽어주

는 것이 낫다. 그림책은 천천히 읽으면서 그림을 감상하도록 해야 한다.

두 번째 위기는 초교 3년 때. 아직 짧은 글이나 그림책 수준을 벗어나지 못한 아이에게 그림책을 본다고 부모님이 질책한다. 세 번째 위기는 초교 고학년 때. 이 시기에는 중편에서 장편으로 양이 늘어나고 장르도 다양해진다. 권장도서목록대로 강요하면 안 된다. 아이의 수준에 맞게 권해야 싫증내지 않는다. 독서습관이 없으면 공부습관도 없다.[86]

53. 부모님이 아이와 도서관에 같이 다니고, 아이가 독서일지를 쓰나요?

① 바빠서 못 다닌다 ② 가끔은 간다 ③ 같이 다니며 독서일지도 쓴다

어릴 때 독서습관을 들이면 최고다. 유태인은 어린이가 처음 접하는 책에 꿀을 발라서 독서에 흥미를 유발했다고 한다. 동화책 그림책 만화책 등 무엇으로 출발해도 좋지만 일단 재미나야 된다.

처음에는 엄마가 아이에게 책을 읽어주는 것이 좋다. 아이의 수준보다 약간 어려운 책을 읽게 하면 도전욕구가 생긴다. 모르는 단어가 나오면 그대로 놔두고 계속 읽으면 된다. 자꾸 읽으면 나중에 저절로 그 뜻을 알게 된다. 어떻게 읽는 것이 잘 읽는 것인가? 속독은 욕심이 앞서는 방법이다. 읽은 내용을 생각하고 느끼고 감동하면서 읽어야 한다. 정독 숙독해야 한다.

독서는 생각하는 법을 기르고, 생각하는 법은 지능을 발달시킨다. 창의력과 상상력이 강조되는 시대다. 사람은 아는 단어만큼만 생각하고 상상한다. 지식과 진리는 의문과 질문에서 시작한다. 읽으면서 왜? 라고 질문하자. 책을 많이 읽은 아이는 주체적 삶을 산다. 요행을 바라지 않는다. 노력의 대가는 반드시 돌아온다는 사실을 알아가기 때문이다.[87]

아이가 책을 읽으면 읽은 과정, 노력을 인정하고 칭찬해준다. "우리 진이, 책 읽느라 애썼네." 부모의 인정이면 족하다. 독서일지를 아이와 함께 작성하면 좋다. 책제목과 읽은 날자, 저자, 느낀 점을 한두 줄 쓰는 것이다. 억지로 쓰게 해서는 안 된다.

54. 아이가 책을 읽고 독후감을 쓰거나 남들과 독후토론을 하나요?
① 안 한다   ② 학원에 보낸다   ③ 부모와 같이 한다

뇌는 중요한 정보 이외에는 잊어버린다. 뇌가 중요한 정보라고 판단하는 기준은 몇 번씩 이용한 정보이거나 마음이 움직인 사건이다. 뇌의 기억 창고인 해마는 입력된 정보를 일시 보존한다. 이 정보가 1~2주안에 두세 번 더 입력되면 '중요정보'라는 쪽지를 붙여 기억의 금고인 측두엽으로 이동시켜 장기 저장한다.

뇌가 집중하기 위해서는 눈으로 보고 손으로 쓰고 입으로 말하면 좋다. 책을 읽고 1주일 안에 뇌에서 서너 번 출고(output)하면 기억에 남는다. 책을 읽으면서 메모하고, 형광펜으로 밑줄을 긋고, 내용을 다른 사람에게 말하고, 책을 추천하는 식이다. 또 감상글, 깨달음, 책 속의 명언을 SNS에 공유하거나 서평을 쓰면 된다.[88]

독후감 쓰기를 쉽게 생각하자. '주인공은 왜 그런 행동을 했을까? 나라면 어떻게 할까?' '책에서 새로 알게 된 사실은 무엇인가?' '재미있었던 것, 슬펐던 점은?' 등 책을 읽으며 떠올랐던 생각, 감동, 감상을 쓰면 된다. 한두 줄로 시작해 늘려 가면된다.

토론은 표현력을 기르는 최고의 방법이다. 토론을 통해 서로의 차이를 인정하고 타협하고 새로운 대안을 만들어간다. 독서토론을 하면 책을 더 깊이 이해하게 되고, 책과 다른 것들을 연결하게 되고, 책을 비판적으로 보게 된다.[89] 토론을 글로 정리해도 독후감이 된다.

처음에는 부모님이 아이에게 설명하면서 같이하시라. 아이가 좀 더 크면 학원에 보내도 된다.

55. 아이가 끈기와 투지가 있으며 창의적인가요? (어른도 갖추기 힘든 자질이다.)
① 아니다 ② 약간은 그런 것 같다 ③ 그렇다

역경을 극복하는 사람들은 목적의식이 강하다. 목적과 꿈으로 자신의 행동을 밀어붙이기 때문에 외적인 위협에 쉽게 좌절하지 않는다. 자신의 환경을 객관적으로 살펴보고 분석해 돌파구를 찾고 목표로 향한다. 그러나 자신을 보호하는 데에만 열심인 이기적 개인주의자들은 외적 조건이 자신을 위협하면 쉽게 좌절한다.[90]

펜실베니아대학 앤절라 덕워스 교수팀은 끈기와 투지가 아이비리그 학생들의 성적, 7~15세 아이들의 철자법까지 좌우한다는 것을 발견했다. 투지는 오랜 시간 일관되게 관심을 갖고, 꾸준히 노력하는 인내심이다. 플로리다주립대학 앤더스 에릭슨교수는 천재는 1만 시간의 연습과 훈련으로 비로소 드러나기 시작한다고 했다.

힘든 삶에 굴복하면 더 힘든 길이 열린다. 무슨 일을 하든 그 자체를 즐겨야 창의성이 나온다. 창의력으로 성공한 사람들은 자신이 가장 관심 있는 분야에 전념한다. 그들은 먹고살기 위해 직업을 선택하지 않으며 진정한 열정을 취미로 전락시키지 않는다. 세속적인 야심으로 일하는 사람보다 열정적인 사람이 더 큰 성공을 거둘 수 있다.[91]

만약 목적이 오직 돈이라면 그것은 공허한 야심이며 모든 사람이 이를 꿰뚫어본다. 자신이 좋아하는 일, 그리고 다른 이들도 좋아할 일을 하자. 사람들은 열정적인 사람을 도와준다.

프랑스 화가 폴 세잔은 은행가인 아버지의 압력에 못 이겨 법학을 전공했다. 아버지는 이 길이 세잔에게 안정된 미래를 보장할 것이라 믿었다. 그는 2년간 법대에 다닌 뒤 결국은 화가가 되어 미술의 역사를 바꾸었다.

위대한 영웅 로마의 율리우스 카이자르(시저)는 영국에 상륙한 뒤 배를 불태웠다. 퇴로는 사라졌다. 승리하지 않으면 죽음이었다. 최후에 의지할 곳이 있으면 결국 그것에 의지하게 된다. 관심 없는 일, 목적에 방해되는 일에 나의 시간과 에너지를 낭비하지 말자. 독서는 끈기 투지 열정 같은 인생의 금광을 캐는 것이다.

56. 아이가 부모님을 신뢰하고 존경하나요?
① 아닌 것 같다 ② 모르겠다 ③ 그렇다

미국 교육심리학자 벤저민 블룸이 세계적으로 성공한 사람 120명을 대상으로 연구한 결과 그들은 공통적으로 인생 초기에 온화하고 너그러운 선생님들을 만났다. 그 선생님들은 심판이 아닌 신뢰의 분위기를 조성했다. 부모는 선생님이전의 선생님이다.

레이프 에스키스 선생님은 범죄가 다반사로 일어나는 미국 로스앤젤레스의 빈곤지역에서 초교생들을 가르쳤다. 많은 학생들이 알콜중독, 범죄, 정서적 문제를 안고 있는 사람들과 살고 있었다. 그는 학생들에게 "나는 너희들보다 경험이 약간 더 많을 뿐 조금도 똑똑하지 않아."라며 아이들 스스로 지적으로 얼마나 성장하고 있는지를 매일 확인하도록 유도했다.

우리에게도 유명한 사라장과 이츠하크 펄먼, 고토 미도리를 배출한 줄리어드음대의 도로시 딜레이 바이올린 선생님은 "누군가가 자라나는 모습을 지켜보는 것이 교육이다. 학생이 연주를 못하는 것은 단지 연주방법을 배우지 못했기 때문."이라고 했다. 그녀는 많은 시간을 들여 학생들에게 연주법을 가르쳤다. 그녀는 재능은 타고나기도하지만 학습으로 얻을 수 있다고 믿었다.

사람은 폭력과 위험에는 관심을 쏟지만 평화로운 일에는 무관심하다. 자동차사고, 화재, 길거리싸움에는 금방 사람이 몰린다. 아이가 어른이 될 때까지 7만 건 이상의 살인사건을 접한다. 부정적인 감정이 지속되면 그것이 의식을 지배해 자신의 생각과 행동을 통제하기 어려워진다.[92] 그렇게 되면 시도하지 않고, 아이디어도 떠오르지 않고, 꿈도 사라진다. 아이가 행복해야 들을 달리고 산에 오를 수 있는 이유다.

아이를 따뜻하게 대하며 믿고 기다리자. 아이의 손을 잡고 도서관에 다니며 대화하자. 아이는 자연히 부모님을 존경하고 신뢰하게 된다.

> **57. 화가 났을 때 혹시 아이에게 "내 그럴 줄 알았다" "너는 떡잎이 노래." "나가 죽어라" "나중에 꼭 너 같은 자식 낳아봐라"라는 말을 속으로라도 한 적이 있나요?**

아이는 럭비공, 어디로 튈지 모른다. 사춘기 때 특히 더하다. 그래서 옆에서 지켜보며 격려해야 한다. 아이는 '가능성'이다. 그 가능성을 성공으로 이끌기 위해서는 아이의 근면한 노력, 부모님의 기다림과 모범이 필요하다. "내 그럴 줄 알았다" "나가 죽어라" 같은 말은 분명히 잘못된 말이다. 절대 하지 말자. 머리 속으로 잠깐만 스쳐가도 아이에게 나쁜 영향을 미친다.

인생을 좌우하는 또 하나의 중요한 요인은 운이다. 뛰어난 골프선수가 조선시대에 태어났다면 무슨 소용인가? 현대에 태어났어도 사람들이 골프를 좋아하지 않는다면 또 무슨 소용인가? 재능이 있어도 시대를 잘 만나야 한다. 그게 운이다.

공부를 잘하는 것도 일종의 운이다. 요즘 공부를 잘하려면 조부모님의 재력, 엄마의 정보력, 아버지의 무관심이 필요하다고 한다. 부잣집에 태어나고 열성적인 엄마를 만나야한다는 것이다. 그게 운이 아니고 무엇인가? 그러니 너무 닦달하지 말자. 부모님도 좀 내려놓으시라.

현재의 나의 모습은 과거의 나의 삶이 축적된 결과다. 아이의 미래를 좌우하는 여러 가지 요인 중에 아이와 부모가 영향을 미칠 수 있는 것들이 있다. 이것은 운과는 상관없다. 이것에 집중할 경우 아이는 부모님과 함께 자신의 미래를 만들어갈 수 있다. 본인의 노력, 부모의 긍정적인 환경조성, 시대상황에 대한 통찰 등이 그것이다. 내 아이가 살아갈 세상에서는 무엇이 중요한가를 아는 것이 통찰이다. 지식이 있어야 통찰이 가능하니 독서를 하지 않고는 통찰 역시 어렵다.

58. 사춘기인 아이에게 짜증이나 화를 내곤 하시나요?
① 그렇다　② 가끔 그렇다　③ 아니다

인간은 꼭 합리적으로 행동하지는 않는다. 좌충우돌하는 10대들은 더하다. 사춘기 아이는 통제 불능의 길을 가고 있다. 부모는 사춘기 자녀의 행동을 이해하려 노력하지 말고 그냥 공감하면 된다. 특히 사춘기 아이의 잘못을 야단치면 그러지 않아도 괴롭고 혼란스러운데 더 고통스럽다.

사춘기는 격변의 시기다. 키도 소녀는 25㎝, 소년은 28㎝가 큰다. 10대 소년은 남성호르몬인 테스토스테론이 1천% 늘어난다. 소녀에 비해 200배나 많다. 테스토스테론은 편도체에 강한 영향을 미치는데 편도체는 분노, 공격성, 성적관심, 지배, 영토의식, 도망가기, 공포, 공격성을 관장한다. 그래서 10대는 화약통이 된다. 10대 소녀는 에스트로겐이 나오면서 가슴발달, 골반확장, 생리 등을 촉진한다.[93] 부모님은 이런 특성을 감안해 자녀의 의견을 존중하면서 행동이 가져올 결과나 영향을 생각하도록 가르쳐야 한다.

인간행동의 95%는 올바른 행동이다. 그래서 오른 행동은 당연시하면서 불과 5%인 틀린 행동에 주목한다. 사춘기 아이는 수많은 도전에 나서므로 실패가 당연하다. 중요한 것은 공감이다. 아이의 눈으로 보고, 아이의 귀로 듣고, 아이의 마음으로 느끼는 것이다. 잘못하면 "이렇게 하면 어떨까?"라며 풀어야 할 문제라고 생각하자. 그것이 아이를 성장시킨다.[94]

아이의 실패나 미숙함을 지적해서는 안 된다. 할 일을 대신 해주어도 안 된다. 그렇게 하면 아이의 용기를 꺾고 스스로 어려움을 극복할 힘과 기회를 뺏는 것이다. 문제의 원인을 지적하지 말고 해결방법과 가능성에 집중하자.

사람을 설득하려면 덜 단정적으로 말하고, 상대의 조언에 의지하는 식의 대화법이 좋다. "엄마는 이렇게 생각하는데 진이 생각은 어때?" 사람은 설득당하는 느낌이 들면 기분이 나빠지지만 계획과 의도를 물어보면 스스로 그렇게 하려한다. 조언을 구하는 것은 상대에게 영향력을 행사하는 좋은 방법이다. "진아, 너의 흡연을 어떻게 하면 좋겠니?"[95]

59. 혹시라도 아이에게 부모님이 이루지 못한 꿈을 강요하거나 기대하지는 않나요?

① 그렇다 ② 그랬으면 할 때가 있다 ③ 전혀 아니다

실제 사례다. 진이(여)의 부모님은 진이가 의사가 되기를 원했다. 진이는 부모님의 뜻에 따라 공부를 열심히 해 Y대 의대에 입학해 2년간 다닌 뒤 자퇴했다. 피를 보면 기겁하고, 해부를 도저히 할 수 없었고, 의학이론이 어려웠다. 진이는 결국 시험을 다시 봐 철학과 신입생이 되었다. 엄청난 낭비다.

부모님과 자녀가 어릴 때 상호작용한 방식이 아이가 어떤 유형의 사람이 되는가에 지속적으로 영향을 미친다. 항상 자식의 성공만을 생각하는 부모님 밑에서 자란 아이는 부모님의 목표와 자신의 꿈이 다를 경우 자신의 꿈을 지키기 위해 에너지를 써야한다. 꿈을 실현하는데 써야할 에너지를 엉뚱하게 써버리는 것이다.

자신만의 꿈을 꾸고 그 꿈을 이루기 위한 방법을 스스로 선택한 아이는 강하다. 부모와 좋은 관계를 형성한 아이는 의지가 강하다. 부모의 사랑을 충분히 받지 못한 아이는 자신을 보호해야하므로 꿈에 쏟아야 할 에너지를 자기보존에 쓴다. 사랑결핍이나 학대받은 아이는 어른이 되면 감각적 쾌락

을 찾는다. 그것이 결핍을 느꼈던 어린 시절을 쉽게 보상해주기 때문이다. 아이의 특성 장점 소질을 파악하고 아이와 대화하며 스스로 미래를 설계하도록 도와주시라.

60. 아이에게 잔소리를 할 때 요령 있게 한다고 생각하나요?
① 그냥 한다   ② 가능한 좋게 말하려고 한다   ③ 그렇다

'아이를 엄마인 내가 원하는 방향으로 키우려고 했던 것을 많이 후회한다.' 아이와 나는 다른 사람이라는 것을 인정해야 한다. '너와 나는 다른 사람이야. 내 생각과 네 생각이 다른 것은 당연해. 내가 좋아한다고 네가 좋아하라는 법은 없어.' '엄마 아빠는 신경 쓰지 말고 날개를 펼쳐서 더 멀리 더 높이 날라고 말할 걸 그랬다.'

"엄마 나 매일 웃으면서 살아온 것 같아요" 딸아이가 말했다. '나도 너를 키우면서 그랬다'라는 생각이 뒤늦게 들었다. 나는 눈물이 났다.[96)]

부모가 사춘기 아이에게 100% 올인하면 전면전 시작이다. 40% 정도만 신경 쓰고 부모의 시간을 가져야 한다. 요즘 맞벌이가 많다. 일을 하는 엄마는 아이에게 늘 미안하다. 그러나 열심히 사는 멋진 엄마의 모습은 아이에게 자랑이고 자부심이다. 아이와 스킨십이 부족한 만큼 같이 있는 시간을 더 진하게 보내면 된다. '나도 나중에 엄마처럼 멋진 커리어 우먼이 될 거에요.'

부모는 아이에게, 특히 사춘기 아이에게 휘둘리지 말고 의연하게 감싸주면 된다. 관심을 갖고 아이를 지켜보자. "진아, 엄마 아빠는 늘 네 곁에 있으니 무슨 문제가 있으면 언제든지 말해라."

잔소리도 요령이 있어야 한다. 아이가 어떤 일을 진정으로 믿고 행동하도록 하기 위해서는 지나친 회유책이나 강압책을 쓰면 안 된다. 압력을 가하면 일시적으로는 부모의 뜻대로 행동한다. 자발적으로 행동하게 하려면 자신의 행동에 대해 스스로 약속하고 책임지도록 해야 한다.

"거짓말하다 들키면 혼날 거야."처럼 강하고 분명한 위협은 부모가 감시하고 있을 때만 효과가 있다. 그런 방법은 자녀 스스로 '거짓말하지 않겠다.'고 다짐하게는 못한다. 부모는 거짓말이 왜 나쁜가를 설명해주어야 한다. 그런데 그 이유가 강압적으로 들려서는 안 되고, 보상이나 체벌 같은 외부적 압력도 없어야 한다.[97]

61. 혹시 아이나 부모님이 불안, 우울증, 강박증으로 고생하지는 않나요?
① 그렇다 ② 가끔 그렇다 ③ 아니다

어른들은 다 안다. 엄마 손이 약손이라는 걸. 엄마가 배 아픈 아이를 위해 "엄마 손은 약손"이라며 배를 문지르면 아픔이 감쪽같이 사라진다. 과학이다. 불안하거나 우울하면 독서하시라.

이유는 언어정보와 사랑에 의해 불안이 해소되기 때문이다. 언어정보는 말하기 듣기 읽기를 통해서 뇌로 가는데 다른 사람(부모)과 대화가 가장 좋고 다음이 독서다.

불안하면 뇌의 편도체가 흥분상태에 돌입하는데 이런 흥분상태가 지속되면 우울증이 된다. 따라서 편도체의 흥분을 진정시키면 우울증, 불안을 줄일 수 있다. 언어정보가 뇌에 들어오면 편도체의 흥분이 억제되고 부정적인 감정이 진정되고 기분이 개선되고 결단력이 높아진다.[98]

영국 서섹스대학 신경심리학자 데이비드 루이스 박사팀의 연구에 따르면 조용한 곳에서 6분 정도 독서하면 스트레스가 68% 감소했고 심박수가 낮아지며 근육긴장이 풀어진다. 음악감상은 61%, 커피는 54%, 산책은 42%를 줄였다.

아이와 같이 있는 시간이 부족하면 가능한 독서를 많이 하도록 유도하자. 독서하면 아드레날린 도파민 엔돌핀 옥시토신의 분비량이 늘어나 스트레스가 해소되고 행복해진다. 아드레날린은 공격을 준비할 때, 도파민은 가슴이 두근거릴 때, 엔돌핀은 행복감을 느낄 때, 옥시토신은 사랑할 때 분비된다. 이들 물질은 기억력 사고력을 좋게 한다. 독서는 최고의 종합영양제다.

미국 아이오와주립대 연구팀에 따르면 지능을 좌우하는 요인은 유전자 다음으로 독서량이다. 무엇을 읽었느냐가 아니라 얼마나 많이 읽었느냐가 중요하다.

62. 공부가 지겨운 아이가 "도대체 공부는 왜 해야 하나요?"라고 물으면 뭐라고 답변하나요?

① "다 너를 위해서야" ② "잘 먹고 잘 살려고" ③ "평생 너에게 힘을 줄 거야"

셋 다 맞는 답변이다. 제품을 팔 때 그 제품을 잘 알고 확신을 가져야 잘 팔듯이 아이의 공부에 대해서도 부모님이 알아야 공부를 잘 시킬 수 있다.

공부는 궁극적으로 지혜에 이르는 길이다. 지혜는 좋은 학교성적, 명문대 입학으로 얻어지는 것이 아니다. 부모가 아이에게 공부를 열심히 하라고 닦달하는 것은 어른이 돼서 훌륭한 삶, 행복한 인생을 살아가기를 바라는 마음에서다. 권력과 영화를 누리며 떵떵거리라고 아이를 쥐 잡듯 하지는 않을 것이다.

지혜는 지식, 경험, 느낌이 녹아든 판단력이자 직관이다. 지혜로운 사람은 불법 부정 불의를 저지르지 않는다. 그런 행위는 불안 초조 불행을 가져온다는 걸 알기 때문이다. 지혜로운 사람은 포용력 이해심 배려를 실행한다. 그러면서 남에게서 배워 더 지혜로워 진다. 궁극적으로 평안과 행복을 얻는다.

지혜가 있어야 어지러운 세상, 변화무쌍한 환경, 쏟아지는 정보 속에서 흔들리지 않고 중심을 잡을 수 있다. 지혜로운 사람은 본능을 따르지 않는다. 본능은 자칫 파국으로 이어진다. 지혜는 또한 겉치레 규범과 형식을 꿰뚫어보고 맹목과 아집에서 벗어나게 한다.

지혜를 얻으려면 무엇보다도 나 자신을 객관적으로 볼 수 있어야 한다. '내가 최고'라는 엉뚱한 자부심은 지혜로 가는 길을 가로막고 자칫 재앙을 초래한다. 겸손하자. 인간은 불완전한 존재라는 사실을 깊이 인식해야 세상사를 이해할 수 있다. 따라서 불완전한 인간의 주장과 논리 뒤에 숨은 진실을 볼 수 있어야 한다. 지혜는 덕(德 virtue)이다. 덕은 용기, 책임감, 자제력, 관용, 지식의 실천이다. 지혜를 실천하면 행복의 정수(精髓)를 맛보고 기분이 좋아진다. 모두 공부로 얻을 수 있다.

63. 왜 책을 읽어야 하는지, 어떻게 읽어야 하는지를 두고 아이와 깊이 대화한 적이 있나요?
① 없는 것 같다 ② 앞으로 해봐야겠다 ③ 있다

독서를 안 하면 바보가 된다. '이재민(罹災民)을 도울 방법을 제시하라'

는 질문에 '이재민씨 힘내세요.', '친구를 배려하는 방법은?'이라는 질문에 '친구를 베면 감옥 간다.'고 답한다.

독서로 불행한 삶에서 빛나는 성공을 거둔 오프라 윈프리, 디트로이트 도서관을 통째로 읽은 에디슨, 육신의 장애를 독서로 극복한 헬렌 켈러 등은 독서의 소중함을 깨우친다.

인생을 살아가면서 나 자신을 찾는 것이 무엇보다 중요하다. '나는 누구인가?' '나는 왜 이런 생각을 하게 되었나.' '나의 꿈은 무엇인가?'[99] 나를 찾는 최고의 방법은 독서와 사색이다. 세상과 인간을 알아 가기에 나를 찾는데 도움이 된다. 책을 읽으며 '이런 사람도 있고, 저런 세상도 있구나.'라며 감동받는다. 이런 과정을 통해 나의 생각이 넓어지고 깊어진다. 리더가 되는 길이기도 하다.

책을 읽는 사람과 읽지 않는 사람은 첫째, 일목요연한 전달력에서 차이가 난다. 중언부언 무슨 말을 하는 지 상대방이 알아들을 수 없으면 상대방은 나를 신뢰할 수 없다. 둘째, 독서를 하면 자기만의 말을 한다. 누구나 할 수 있는 말은 감동이 없다. 셋째, 잘 듣는다. 말하기보다 듣기가 훨씬 더 힘들다. 지식이 얕은 사람, 자신감이 부족한 사람은 목소리가 커진다. 남의 말은 듣지 않고 자기만 옳다고 큰소리치는 사람을 누가 좋아하겠는가? 넷째, 책을 읽으면 공감능력이 커진다. 이 세상을 살아가면서 우리는 아주 적은 수의 사람과 만나고 한정된 공간만을 경험하고 제한된 상황만을 접한다. 그런 얕은 경험으로는 넓은 시야, 깊은 생각을 할 수 없다. 독서는 쉽게 경험을 넓혀준다.

간혹 속독을 배우는 아이들이 있다. 독서는 지식축적만을 위한 것이 아니다. 자연과 우주를 탐험하고, 세상과 사람을 알아가고, 인생과 운명에 감동하기 위해 독서한다. 속독으로 단순히 지식과 정보를 더 많이 축적하려는 것과는 차원이 다르다. 속독하면 금방 잊어버려 지식축적도 안 된다. 정독, 숙독해야 한다.

100권을 대충 읽을 때보다 10권을 꼼꼼하게 읽으면 더 많은 지식과 정보를 두뇌 속에 저장한다. 특히 소리 내어 독서하면 눈으로 보고 귀로 듣기에 두 배의 효과가 있다.[100]

전문가들은 취학 전에는 부모가 책을 읽어주는 것을 듣는 것만으로도 충분하다고 한다. 그것도 아이가 좋아할 때만 아주 조금씩 해야 한다. 책의 여백에 자신의 견해를 적는다. 책이 제기하는 철학적 문제는? 그것이 인생과 세상에 정면으로 맞서는데 도움이 될까? 어떤 대안이 가능한가? 등 여러 가지를 생각하며 읽으라.[101]

64. 아이의 공부방법, 공부량, 공부시간, 공부 스케줄을 누가 결정하나요?
① 부모가 결정한다   ② 상의한다   ③ 아이가 결정한다

아이는 흥미롭고 매력적이고 중요하다고 느낄 때, 공부에 대한 통제권 자율권이 자신에게 있을 때, 적당한 도전과제에 마주할 때, 격려 받을 때 공부에 더 집중한다.[102]

부모님이 아이를 가르칠 때는 요령을 잘 알려주고, 같이 해보고, 혼자서 해보도록 하시라. 이 때 아이가 혼자서 할 수 있는 수준의 문제를 내야 성취감을 맛보고 의욕이 생긴다. 자기주도학습은 이런 성취감이 바탕이 되어야 가능하다. 무엇인가를 해내면 자신감이 생기고 동기가 부여돼 스스로 공부하게 된다.

아이가 어릴 때는 부모님과 한줄 씩 또는 한 단원씩 서로 나눠서 읽기를 해보는 것도 좋다. 책을 읽고 줄거리를 말해보고, 특징적인 표현이나 인상적인 점을 이야기하고, 아이가 혼자 할 수 있도록 기다린다.

이때 잘못한 점을 지적하지 말고 잘한 일을 칭찬하며, 실수를 하면 "좋은 경험했네. 앞으로 더 나아질 거야."라고 말하자. 아이가 새로운 제안을 하면 "어떻게 그런 생각을 했어."라고 좋아한다.

조금씩 꾸준히 규칙적으로 공부하는 습관을 들여야 한다. 아이는 놀면서 세상을 배워나가야 한다. 초교생 때는 하루 1시간 정도 공부하면 된다.[103] 우선 작은 것부터 시작한다. 오늘은 책을 3~4페이지만 읽자고 하고, 읽으면 그 노력을 칭찬해주고 1주일 뒤 6~7페이지로 늘려서 해냈다는 자신감을 갖게 하는 식이다.

뇌가 결과를 믿지 못하면 신체도 힘을 쓸 수 없다. 그래서 공부하는 아이에게는 희망을 심어주어야 한다. 해낼 수 있다고 믿지 못하면 해내는데 필요한 힘을 얻을 수 없다. 믿는 순간 문이 열리고 에너지가 생긴다. 희망과 절망, 모두 자기 충족적 예언이다. 희망을 생각하면 희망을 달성하는 상황에 놓인다.[104] 아이가 공부를 통해 자신의 삶이 달라지고 인생의 목표, 꿈을 달성할 수 있다고 믿어야 한다. 그래서 부모님의 도움이 필요하다.

65. 아이가 유행이나 대세, 남들의 평가에 민감한가요?
아니면 엉뚱하더라도 자신의 생각을 고집하나요?
부모님은 아이가 엉뚱하다며 혼내지는 않았나요?
① 남들의 평가에 민감하다　② 엉뚱하다고 야단친 적이 있다
③ 아이의 생각을 수용한다

불만 = 남편이 애들 목욕시키고 재우기로 했는데 퇴근하고 집에 와보니 다들 텔레비전 앞에 몰려있다.

왜곡된 믿음 = 남편은 왜 내 부탁을 들어주지 못할까? 애들 목욕시키고 재우는 것이 그리 어려운가? 이제 저 즐거운 분위기에 찬물을 끼얹으면 나만 악당이 되겠지.

잘못된 결론 = 화가 치밀어 마구 소리를 질렀다. 거실로 가서 텔레비전을 꺼버렸다. 나는 악당이 되었다.

엄마들은 종종 이런 상황에 부딪힌다. 그런데 다르게 생각해보자. '남편이 회사일로 피곤했나보다. 가족들이 즐거운 걸 보니 나도 행복하네.' 그 다음은 왜곡된 믿음을 반박해보자. 반박이 성공하면 똑같은 상황에 처해도 그 생각이 다시 떠오르지 않는다. '남편이 그동안 내 말을 다 들어주지는 않았어도 제법 들어주긴 했지.'[105] 집안 분위기가 완전히 달라질 것이다.

발상의 전환, 생각을 바꾸면 세상이 달라진다. 대중을 따라가면 그냥 그렇고 그런 삶뿐이다.

나의 특성과 신념이 나의 독창성이다. 동료, 친구들의 비판이나 배척이 신경 쓰여 나의 것을 버리고 그들과 동조하지 말라. 아이들은 남의 눈치를 보지 않고 자신의 의견 욕구 욕망을 표현해야한다. 주관에서 창의성이 나온다. 아이가 기존의 방식이나 대세에 휘둘리지 않도록 하자.[106]

대중을 따르는 사람은 대중을 넘어서지 못한다. 홀로 길을 가는 사람만이 아무도 가보지 않은 곳에 도달할 수 있다. 내 안의 소리에 맞춰 춤출 때 창의성이 분출한다. 창의력의 천재들은 겁내지 않고 과감하게 자신을 세상에 드러냈다. 실패와 거절은 시도했다 안 된 것이니 성공의 밑거름이다. 아예 시도조차 하지 않는 것이 최악이다.

혹 아이가 엉뚱한 행동이나 생각을 한다고 야단치지는 않는가? 그러면 아이는 비관적이 되고 공부열의도 떨어진다. 애플의 CEO 스티브 잡스는 "시간은 한정되어 있다. 그러니 자신의 삶이 아닌 다른 누군가의 삶을 살면서 시간을 낭비하지 말라. 고정관념에 갇히지 말라. 다른 사람이 만들어 놓은 틀에 맞추며 살지 마라. 나의 내면의 소리를 들으라. 용기를 가지고 나의 가슴과 직감을 따르라. 가슴과 직감은 내가 원하는 바를 이미 알고 있다. 늘 갈망하며 늘 무모하게 살라."고 했다.

인도 건국의 아버지 마하트마 간디는 "강한 확신을 갖고 '아니요'라고 말하는 것이 문제를 회피하거나 그저 눈앞의 즐거움만을 위해 '네'라고 말하는 것보다 낫다"고 했다. 도전하는 사람은 당장 힘들더라도 옳다고 믿는 것을 자신만의 방식으로 시도한다. 당연히 일반적인 규칙을 깬다. 아이는 자신이 원하는 것을 할 때 아이디어와 힘이 생긴다.

66. 아이가 밥투정을 할 때 어떻게 대응하시나요?
① "복에 겨워서"라며 화를 낸다   ② 밥그릇을 치워버린다   ③ 대화로 풀어간다

딸이 "이 블라우스 정말 예쁘다"고 할 때 엄마가 "예쁘기는 무슨, 볼품없는데"라는 말은 절대 안 된다. "넌 취향이 형편없어"라는 말과 같다. 아이는 당연히 반발한다. 자식을 하나의 인격체로 존중해주면 만사형통이다. 해보면 효과를 실감한다.

아이가 음식이 짜다고 불평하면 "그래? 네 입맛에 맞는 것이 있으면 좋겠는데"라고 말하자. "엄마가 해준 음식인데 왜 불평이 그리 많니. 아프리카에서 굶는 아이들 생각해봐라"라는 말은 100% 소용없다.

부모는 아이의 변호인이지 검사가 돼서는 안 된다. 문제를 해결하려고

아이와 같이 노력하자. 아이의 개성과 인격을 모욕하는 말은 삼가자. 십대는 사는 만큼 배우고 경험하는 만큼 인간이 돼간다.[107]

아이를 자주 비판하면 아이는 소극적으로 변해간다. 그러면 자신의 약점만 생각하게 되고 강점을 잊어버리게 된다. 강점이 인생을 살만한 것으로 만든다. 약점을 보완하면 실패를 예방하는 것 이상의 효과는 없다. 강점을 개발해야만 뛰어난 성과를 거둘 수 있다. 자신의 재능에 관심을 기울이고 연습과 학습을 통해 지속적으로 발전시켜야 한다.[108]

공부를 못하거나 싫은 아이는 도전욕구가 없는 경우가 많다. 도전욕, 탐구욕, 지식욕은 자연스러운 것인데 부모님의 비판, 과욕, 잘못된 훈육이 이를 망친다. 천사들이 하늘을 나는 것은 자신이 가볍다고 생각하기 때문이다. 삶과 싸우지 말고 즐기면서 사는 법을 배워야 한다. 어차피 해야 할 일이라면 즐기면서 하도록 노력하자는 것이다.

인생은 투쟁이 아니라 모험이다. 내가 되고 싶은 것이 있으면 그렇게 되기를 바라지 말고 그렇게 된다고 믿자. 어떻게 해야 할지 모르겠다고 하지 말고 어떻게든 할 수 있다고 생각하자. 큰 일 났다는 말 대신 배우는 중이라고 하자.

항구에 정박한 배는 안전하다. 그러나 그건 배가 아니다. 시도하지 않는 것이 최악의 실패다. 해야 할 일의 우선순위를 정하자. 아이가 자신의 인생을 진정 원하는 것들로 가득 채우도록 이끌어보자.[109]

　　교만은 학습뿐만 아니라 모든 면에서 아이의 성장을 가로막는다. 배움은 '나는 부족하다. 나는 모른다.'는 겸손에서 출발한다. 자신이 잘났다고 생각하는 교만한 사람은 아무래도 학구열이 떨어진다. 교만하면 쉽게 좌절하고 사회성과 배려가 부족해 사회생활도 잘하기 어렵다.

　　지능은 고정된 것이며 변하지 않는다고 믿는 상류층 학생은 지능이 얼마든지 좋아질 수 있다고 믿는 서민층 학생에 비해 실패를 잘 극복하지 못하고 성적도 낮다. 또 '나는 똑똑하다'는 자부심 때문에 성적이 나쁘게 나오면 실망감으로 인해 성공에서 더 멀어진다.[110]

　　자부심 자존심이 너무 강한 사람, 머리가 좋다고 과신하는 사람, 잘난 체하는 사람은 다른 사람을 꺾고 일등을 하는데 끊임없이 초점을 맞춘다. 그래서 이길 수 없는 경쟁은 슬그머니 피하기에 성장하지 못한다. 상류층 학생들에게서 종종 나타나는 현상이다. 부모님이 거들먹거리거나 자만하면 자녀들은 자신도 모르게 교만해진다. 권력자 부자들이 빠지기 쉬운 늪이다.

　　상류층 자녀들은 자칫 감사할 줄 모르기 쉽다. 성공한 사람들은 자신들의 노력과 운으로 성공의 사다리를 올라갔으나 나중에는 자신이 재능을 타고났기에 성공한 것으로 착각하는 경우가 많다. 그렇게 되면 교만해지고 자신이 세상의 중심인 줄 착각한다. 부모의 이런 자세는 당연히 자녀들에게도 대물림돼 자녀들도 감사를 모르게 된다.

　　미국 캘리포니아대학 로버트 에몬스 박사는 학생들에게 10주 동안 감사

일기를 쓰도록 했다. 학생들은 지난 주 일어난 일들 가운데 감사하게 생각하는 일 5가지를 목록으로 적었다. 결과는 놀라웠다. 이들은 감사 일기를 쓰지 않은 학생보다 25% 더 행복했고 미래에 대해서도 더욱 낙관적인 태도를 갖게 되었다. 운동도 더하고, 더 다정해졌고, 남들을 더 도왔다.

68. 아이가 자신의 방을 청소하는 등 집안일을 부모님과 같이 하나요?
① 안한다 ② 가끔 한다 ③ 한다

미국 미네소타대학 가정교육학 마릴린 마티 로스먼 교수는 3~4살부터 집안일을 해온 사람들이 성공할 확률이 더 높다고 했다. 집안일을 거들다 보면 '할 수 있다거나 하고 싶다는 느낌'같은 것이 생기고 이런 느낌은 '나는 근면하다'는 생각을 다시 갖게 해준다.

우리네 가정에서는 아이들에게 집안일을 잘 시키지 않는다. 특히 부잣집은 가사도우미가 있어 아이들에게 집안일을 아예 안 시킨다. 그 시간에 공부하라는 것인데 집안일을 하는 것도 아주 중요한 공부라는 것이다.

예전 대가족시대에는 3대가 함께 모여 식사했다. 대화도 풍성하고 따뜻했다. 이른바 밥상머리교육이 자연스레 이루어졌다. 조부모님의 지혜와 자애, 부모님의 식견과 사랑, 형제들의 우애가 넘치는 자리였다. 그러나 산업화시대에 접어들면서 핵가족이 됐고 이후 경쟁이 가속화되면서 맞벌이부부가 늘어났다. 가족끼리 식사하기가 힘들어졌다. 최고의 교육방법인 밥상머리교육도 사라졌다.

아이를 잘 키우고 싶으면 가족들이 자주 모여 식사해야 한다. 식사하면서 대화의 꽃을 피우면 그것보다 좋은 교육은 없다. 특별한 대화주제가 없어도 된다. 그저 가족의 정을 확인하는 것만으로도 충분하다. 그러다 최근에 인기를 끄는 영화, 공부하는데 힘든 점, 가족끼리 집안일을 나누는 문제, 국제관계나 사회문제 등에 대해 자연스레 대화하면 된다. 그러면서 밥상을 같이 차리고 설거지도 나눠서 하면 된다.

69. 아이가 공부의 양과 질 중 어느 것에 더 신경을 쓰나요?
① 공부의 양에 신경 쓴다   ② 중간인 것 같다   ③ 질에 신경 쓴다

공부욕심이 많으면 자칫 공부의 양, 즉 진도에 신경 쓰기 쉽다. 양을 채우면 스스로도 만족스럽기 때문이다. 아주 나쁜 것은 아니지만 전문가들은 양보다는 질을 강조한다.

1. 피상적 학습자는 공부할 때 내용을 가능한 많이 기억하려고 한다. 2. 전략적 학습자는 점수를 따는 데 집중한다. 3. 심층적 학습자는 글의 속뜻과 그 응용방법을 생각하고 분석-종합-평가-이론화한다.

1과 2는 개념을 심층적으로 이해하기 보다는 수학문제 풀듯 정해진 절차에 따라 학습한다. 이런 학생들은 똑같은 개념을 담고 있는 문제를 형태만 조금 바꿔도 풀지 못한다. 새로운 사고와 행동을 만들어내는 개척자가 못된다. 3은 자신의 학습을 스스로 관리하고 새로운 것을 이해하고 창조한다.[111]

배움을 위해서가 아니라 경쟁에서 이기기 위해 공부하면 성적에 조종당하는 느낌이 들어 나중에는 싫증난다. 심층적 학습자가 되기 위해서는 자신의 자질과 장점을 찾아내고, 열정을 불태울 대상을 발견해야 한다. 나의 특별함을 깨닫게 되면 공부에서 힘과 동기를 얻을 수 있다.

최고의 학생들은 정신적 성장, 호기심 충만한 삶, 뚜렷한 주관을 찾으려고 노력한다. 세상에 태어난 이유와 역할에 대해 질문한다. 내가 창조하고

싶은 세상은 어떤 세상이며, 사회정의는 어떻게 구현하며, 앞으로 어떤 사람이 되어야 하는가에 대해 고민한다.

심층적 학습에 독서만큼 좋은 게 없다. 아침에 일어나 10~20분 정도 책을 읽으면 머리가 맑아지고 집중력이 올라가 공부에도 도움이 된다. 자기 전에도 20분 정도 책을 읽으면 공부하느라 스트레스 받은 뇌가 차분해져 잠도 잘 온다. 시간 나는 대로, 학교를 오가면서 틈틈이 읽으면 된다.

10대는 1주일에 한권은 읽어야 한다.[112] 책을 읽으면서 감동적인 부분은 노트북에 옮겨 적거나 밑줄을 긋고 내 생각을 덧붙인다. 가끔 읽기를 멈추고 사색해야 한다. 내 생각을 거치지 않은 지식은 내 것이 아니다.

94

현재를 인정해야 전진한다. 반성해야 지혜를 얻는다. 매일의 삶을 반추하면 그 속에서 인생의 새로운 방향이 보이지 않을까? 보고자 하면 분명 보이지만 보려하지 않는다.

내게 시련이 닥치면 팔자소관이니 운명이니 하며 위안을 얻고자 한다. 또 남이 성공하면 "복 받았다."고 깎아내린다. 내가 성공하면 내가 노력하고 잘나서 그런 것이고 남이 성공하면 운이라고 말한다. 제로섬(zero sum 양이 정해져 있어 한쪽이 더 가지면 다른 쪽은 반드시 덜 가짐)게임으로 인생을 보는 사람은 행복의 길이 한참 멀지만 협력해서 나눌 것을 늘려가는 사람은 더 행복해진다. 반드시 그렇다.

"우리는 인생에서 큰 굴곡을 지날 때면 운명을 말한다. 그런데 대부분은 이런 굴곡을 원하지 않는다. 그저 평범한 가운데 무탈하게 살고자 한다. 그래서 대개의 사람들에겐 큰 운명이 없다. 한 번의 큰 충격을 피하는 대신 수많은 작은 충격을 받아들인다. KO펀치를 맞기보다 수많은 잽을 맞는 것이 오히려 낫다는 생각이다. 작은 충격-잽은 야금야금 삶을 참혹하게 만들지만 면역이 돼 고통스럽지 않다.

사람은 일상생활에서 작은 충격, 작은 타락에 빠지기 쉽다. 타락과 방종은 후유증과 갈등을 낳지만 거부하기 어려운 유혹이다. 이런 삶은 파산직전의 상인이 파산을 감추려고 여기저기서 돈을 빌린 뒤 평생 이자를 갚느라 고생만 하며 사는 것과 같다."

삶에서 안전은 보장되지 않는다. 어디서 무엇을 하든 불안전, 불안정하다. 도랑에서 물고기를 잡으려는 새들은 물고기를 노리면서도 더 큰 적이 닥칠까 끊임없이 경계하다 적이 오면 순식간에 달아난다. 나뭇가지에 앉아 있는 새들은 온 천지가 위험으로 가득하지만 그 가운데서도 노래하고 짝짓기를 한다. 새들이 백척간두에 앉아서 노래 부르는 여유를 조물주에 의한 질서라고만 치부할 수 있을까? 인간이 새들보다 못하지는 않을 것이다. 아이의 공부, 장래를 생각하면 불안할 수 있으나 여유를 가져야 더 잘 할 수 있다.

전자기기가 넘쳐난다. 아이들에게는 문명의 이기가 아니라 흉기가 돼가고 있다. 머리와 가슴은 빈약하고 손가락과 눈만 큰 기형이 돼가고 있는 것은 아닌가? 지식과 감성을 채워서 세상과 인생을 알아가야 할 시기에 말초적 쾌감만 가득한 것은 아닌가?

미국의 경우 6세 이하의 아이들은 독서시간의 세배 이상, 하루 평균 4시간동안 텔레비전, 인터넷을 본다. 전자기기 중독은 창의력, 사회성 등 아이들의 모든 것을 갉아먹고 뚱보로 만든다. 미국 스탠퍼드대학 연구팀이 1,000명의 학령기 아동을 조사한 결과, 아이들이 전자기기를 통해 폭력을 경험하면 실제 폭력을 경험하는 것과 같은 강력한 악영향을 받는다. 게임중독은 텔레비전보다 더 심각하다. 미국의 경우 12~17세 남자아이의 90%, 여자아이의 94%가 게임을 하고 90% 이상의 어린이들이 하루 30분동안 게임을 한다. 우리도 다르지 않다.

중국의 연구자들은 1주일에 6일, 하루에 10시간동안 온라인게임을 하는 대학생들의 뇌가 망가진 것을 발견했다. 말하기, 운동조절, 충동적인 행동의 억제 등을 담당하는 뇌의 회백질 영역이 20%나 줄었다. 기억을 담당하는 해마에도 이상이 생겨 기억력과 집중력이 떨어졌다. 이 영역은 약물중독과 관련이 있는 영역이다. 게임이 약물중독과 똑같은 부작용을 초래했다.

기분이 내키는 대로 하면 결국은 기분이 나빠진다. 쥐에게 먹이를 먹는 것과 뇌의 쾌락신경에 전기자극을 가하는 것 중 하나를 선택하게 하면 쥐는 전기자극(쾌락)을 선택해서 죽고 만다.[113] 사람도 동물이다.

아리스토텔레스는 "행복은 주관적이 아니라 객관적"이라고 했다. 남들이 나를 어떻게 보던 내가 행복하면 그만이다? 그렇지 않다는 것이다. 행복은 남들도 인정해야 행복이다. 술 취한 사람이 길거리에 누워 잠이 들었다. 너무나 평온하고 행복한 얼굴이다. 그가 술에서 깨면 "행복했다"고 말할 수 있을까? 남으로부터 인정받는 것이야말로 행복의 핵심요소 중 하나다. 남들은 게임중독 휴대폰에 빠진 사람을 인정하지 않는다.

71. 아이가 게임이나 휴대폰 중독에 빠진 지 오래 됐나요?
① 그렇다 ② 좀 된 것 같다 ③ 아니다

뇌세포들이 동시에 활성화되는 일이 반복되면 이들은 함께 묶여 새로운 회로를 만든다. 이를 헵법칙(Hebb's Law)이라 한다. 새로운 회로가 만들어지면 그 회로에 연결된 두뇌영역은 동일한 상황에서 언제나 똑같은, 자동화된 반응을 보인다. 이로 인해 회로는 더 강화된다.

헵법칙이 효과를 발휘할 정도로 뇌의 일정영역을 활성화시키는 것을 양자제논효과(The Qun tum Zenon Effect)라 한다. 즉 활성화된 두뇌영역이 안정적인 상태가 되어 헵법칙이 적용되도록 유지하는 것이다. 몰입하면 금방 이렇게 된다.[114]

뇌의 특정회로가 육체적 정신적 행동의 반복을 통해 강화되면 그 행동은 습관이 된다. 게임중독자가 게임에 집중할수록 게임은 더 깊이 뇌신경 회로에 새겨진다. 어떤 일에 마지못해 주의를 집중하거나 남이 강제로 시켜도 마찬가지다. 따라서 싫은 일도 어떻게든 계속하면 습관이 된다. 하기 싫은 공부도 계속하면 습관이 되고 중독된다.

인터넷을 하면 수많은 찰나의 감각적 정보를 처리하며 검색해야 할지 말지를 결정해야 한다. 뇌가 혹사당한다. 어떤 방해도 받지 않고 깊이 있는 독서를 할 때 형성되는 풍요로운 정신적 연계능력은 일어나지 않는다. 따라서 인터넷을 오래사용하면 할수록 이해력과 기억력이 떨어진다.[115]

미국 소아과학학회 미디어위원회 도널드 쉬프린 박사는 "두 살 이하의 유아들에게 유아용 비디오를 보여주는 건 통제 불가능한 실험을 하는 것과 같다"고 했다. 어린이들이 텔레비전을 오래 봐도 뇌 구조가 바뀐다. 뇌 발달에는 순서가 있는데 먼저 발달하는 부위가 악영향을 받으면 다음에 발달하는 부위가 완전히 다른 식으로 꼬일 수 있다.

7세전에는 현실과 상상을 제대로 구분하지 못한다. 그래서 텔레비전에 폭력적이거나 불안한 장면이 나오면 겁을 먹고 불안해한다. 당연히 정서불안을 유발한다. 인터넷이나 게임중독이 어떤 결과를 가져오는지 아이와 대화하면서 문제를 풀어나가야 한다.

아이가 처음에 게임을 할까 말까할 때는 그것을 결정할 능력이 있다. 이때 적극적으로 게임을 하지 말자라고 스스로 다짐하고 다른 건설적인 행동을 해야 한다. 이런 행동이 게임중독을 막는 첫 단계다.

---

72. 부모님은 아이가 인터넷을 하는 방식이나 중독의 심각성에 대해 얼마나 알고 있나요?

① 모른다 ② 걱정은 하고 있다 ③ 알고 있으며 아이와 대화한다

작은 실수를 중요하게 여겨야 한다. 여기서 중요한 것은 '실수'지 '작다'가 아니다. 작다고 대수롭지 않게 생각하면 큰 것을 잃는다. 바늘도둑이 소도둑 된다. '깨진 유리창이론(창문이 하나 깨진 차를 길가에 세워두면 버려

진 차로 알고 사람들이 차를 완전히 망가뜨림)'에서처럼 작은 실수가 일을 망친다. 거의 모두 다 하는 게임을 우리 아이라고 안 할 수는 없을 것이다. 부모와 아이가 협의해 게임을 잘 시작해야 한다.

아이들은 보통 키보드를 두드리면서 페이스북, 트위터, 블로그, 음악듣기, 유튜브를 동시에 하는 멀티 태스커(multi-tasker 다중작업자)다. 스탠퍼드대학 연구팀은 이들이 정신적 과제에서 한 결 같이 형편없다는 사실을 발견했다. 그들은 연관성 없는 항목 때문에 정작 집중해야할 일에 집중하지 못했고, 기억력이 나빠졌다. 런던대학 정신과학연구소는 이메일과 전화통화 때문에 정신이 산만한 노동자들의 IQ가 대마초 흡연자의 IQ보다도 떨어진다는 사실을 보여주었다.

멀티태스킹은 끊임없는 변화로 스트레스를 주기 때문에 코티졸과 아드레날린이 방출돼 장기간 부정적 영향을 미치고 단기기억도 방해한다. 인간은 오랜 수렵생활을 하면서 생활을 위협하는 즉각적 단기적 스트레스(먹히느냐 먹느냐)에 대처하도록 진화했다. 그래서 장기적 스트레스에 대한 내성이 없으므로 만성스트레스가 더 해롭다. 청소년이 멀티태스킹을 오래하면 뇌에 만성스트레스를 가하는 것이다. 스트레스는 질병과 싸우는 백혈구와 면역체계를 손상시켜 만병의 근원이 된다.

---

73. 부모님이 인터넷을 하느라 아이를 홀로 놔두지는 않나요?
① 그렇다 ② 어쩌다 그렇다 ③ 아니다

아이의 학습과 언어발달을 관장하는 뇌 부위는 엄마가 아이에게 말을 걸어주면서 완전히 함께 있다는 충족감을 줄 때 최고로 발달한다. 그런데 엄마가 아이를 떼어놓고 휴대전화나 컴퓨터를 하면 아이는 소외감을 느끼고 뇌는 위축된다.

뇌는 두세 살까지 성인 뇌의 85% 정도로 커진다. 이 시기에 뇌는 구조적 기능적으로 서로 연결되고 학습을 위한 신경구조를 만들어낸다. 그런데 이때 부모가 전자기기를 사용하느라 아이를 떼어놓으면 뇌 발달에 지장을 준다.[116) 부모님은 아이를 안고 있어야지 전자기기를 안고 있으면 절대 안 된다.

뇌가 생기면서 신경회로망을 갖추기 시작하는데 여기에 읽기를 위한 회로는 준비되어 있지 않다. 부모가 아이와 이야기를 나누고 책을 읽어주면 읽기회로들이 생성, 강화된다. 전자기기는 이 과정을 방해한다. 어린 뇌의 학습중추는 부모의 스킨십에 의해서만 발달한다.

아이가 어릴 때 유아용 비디오를 많이 볼수록 어휘력이 떨어진다. 2007년 11월 미국 〈소아과학지〉에 워싱턴대학교의 논문이 실려 한바탕 야단이 났었다. '유아용 비디오'를 본 아이들의 어휘력이 보지 않은 아이들보다 못하다는 것이었다.

워싱턴대학교의 패트리샤 쿨 박사에 따르면 아기들은 비디오나 오디오를 통해서는 외국어의 음소를 인식하지 못한다. 아기들은 사람에게서만 언어를 배울 수 있다. 어린 아이들에게 교육용 비디오는 득보다 실이 많다. 아기들은 엄마의 입을 보며 말을 배운다. 그래서 모(母)국어다.

비디오나 오디오는 아이의 반응에 엄마처럼 상호작용을 할 수 없다. 아이에게 말을 많이 해주는 것도 중요하지만 아이의 말에 어떤 형태로든 즉각 반응하는 것이 더 중요하다. 아기의 말문을 트이게 하는 것은 부모의 말이 아니라 아기의 말에 대한 부모의 즉각적인 반응, 즉 사랑과 관심이다.[117)

텔레비전이나 게임은 어릴 때부터 버릇을 잘 들여놓는 것 외에 다른 방법이 없다. 하루에 정해진 시간만 시청하거나 게임을 하도록 아이와 약속을 하고 그 약속을 반드시 지키도록 해야 한다. 가족끼리 전자기기 금지의 날을 정하면 좋다.

특히 게임은 한번 빠지면 헤어 나오기가 아주 어려운 만큼 초기에 버릇을 잘 들여야 한다. 게임하기 전에 할 일을 다 할 것, 게임 시작과 끝을 부모에게 알릴 것, 게임으로 인해 생활에 지장이 있을 경우 언제든지 중단시킬 수 있다는 걸 약속한다. 죽이고 파괴하는 게임은 하지 말 것 등 원칙을 정하자. 아이가 어릴 때부터 이런 약속을 해둬야 커서도 약속을 지킨다. 아이와 대화를 통해 인터넷기기에 보호프로그램을 설치하면 좋다.

중독에서 벗어나려면 생산적인 행동과 생각으로 주의를 돌리고 중독으로 인한 생각 충동 감각 등이 사실도 아니고 집중할 가치도 없다고 자꾸 생각해야 한다. 아이에게 다음과 같은 질문을 해보도록 권하자. 이 행동은 나에게 유익한가 해로운가? 내 진정한 목표나 가치에 부합하는가? 갈망에 근거한 행동인가 아닌가? 어째서 이런 행동을 하려고 하는가?[118]

전자기기 중독은 정신에너지를 소모시켜 뇌의 혈류속도가 느려지고, 감정이 메마르고, 업무 공부 사람 아이디어와 멀어지고, 집중력이 떨어지고, 통제력을 잃게 한다.[119]
미국 실리콘밸리의 부모들은 아이들이 휴대폰이나 컴퓨터, 게임기, 텔레비전 등 디지털 기기에 일체 접근하지 못하도록 한다. 실리콘밸리에서는 보모를 고용할 때 휴대폰을 가지고 오지 않는 조건으로 계약한다.

뉴욕타임즈에 따르면 아이들을 디지털기기로부터 떼어놓는 것이 미국 부유층의 육아와 교육 트렌드다. 가난한 아이들은 디지털기기에 구속된 반면 부유층 아이들은 디지털기기에서 해방된 '자유세계'에서 성장하고 있다. 세계보건기구(WHO)는 2019년5월24일 게임중독을 질병으로 등록했다.

75. 아이에게 휴대전화를 사주지 않았거나 사용을 완전히 금지시키셨나요?
① 그렇다 ② 아니다 ③ 가끔씩 금지한다

여러 가지 이유로 아이에게 휴대전화를 사주지 않기로 결정했다면 대단한 용단이기는 하나 생각해볼 문제다. IT기기로 인해 새로운 문자가 탄생하고 있기 때문이다. 구텐베르크의 인쇄술이 책을 대중화한 이후 사람들의 사고방식이 달라졌다고 한다.

프리드리히 니체가 1882년 타자기를 쓰기 시작하자 그의 친구인 하인리히 쾨제리츠(작가 작곡가)는 "아마도 그 기기를 이용하면서 새로운 언어를 갖게 될 것이네. 음악과 언어에 대한 나의 생각들은 펜과 종이의 질에 의해 종종 좌우되네."라고 했다. 니체는 "자네 말이 옳아. 우리의 글쓰기용 도구는 우리의 사고를 형성하는데 한 몫 하네."라고 답했다.

컴퓨터 인터넷 휴대폰 등이 거대한 문명의 흐름으로 사회현상을 변화시키고 사람의 사고방식, 행동양식, 글쓰기까지 변화시킨 것도 같은 맥락이다.

기술은 우리의 자연적 능력을 보완하거나 극대화한다. 쟁기 바늘 전투기 등은 체력 복원력 민첩성을 키웠다. 현미경 확대경 계수기 등은 감각기능을 확대했다. 지도 시계 계산기 컴퓨터 인터넷 등은 정신적 능력, 생각에 지속적으로 영향을 미치고 있다.[120]

새로운 언어는 새로운 생각을 낳는다. 아이들은 기성세대가 모르는 말과 문자를 주고받는다. 그들만의 언어다. 인터넷이 낳은 새로운 흐름이다. 아이들의 언어, 문자는 알게 모르게 그들의 사고와 행동에 영향을 미친다.

IT기술은 아이가 건전한 관심사를 탐색할 수 있는 특별한 자원들을 제공하고, 같은 열정을 공유한 사람들과 만나는 기회를 제공하며, 평생교육의 장을 제공하는 순기능도 있다. 휴대폰이 필요악인 셈이다.

76. 아이에게 어려운 집안사정을 터놓고 말하나요?
① 말을 안한다 ② 말을 안 해도 알고 있다 ③ 말한다

부모님은 흔히 어려운 집안사정을 자녀에게 말하지 않는다. 아이의 마음만 아프게 한다는 판단에서다. 그러나 아이도 대충 짐작은 한다. 아이에게 집안 사정을 솔직하게 말하는 것이 옳다. 그래야 아이도 가족으로서 책임감을 느끼고 철부지에서 벗어난다.

회복력은 역경을 딛고 일어서는 능력이다. 부모는 더 크게 성취하는 것은 타고난 자질이 아니라 본인의 노력에 달려있다는 것을 가르쳐야 한다. 부모들은 흔히 아이에게 '너는 원하는 대로 무엇이든 될 수 있다' '너는 특별하다' 같은 말을 한다. 이런 말은 자녀를 정서적으로 불안하게 만든다. 자녀들에게 회복력을 길러주려면 솔직하게 말해야 한다.[121]

성적이 나쁜 아이에게 "넌 할 수 있어. 넌 가능성과 재능이 있어."라는 말은 도움이 안 된다. 아이가 공부를 하게 하려면 동기를 부여해야 한다. 그런데 이 동기부여가 쉽지 않다. 어떻게 하면 아이가 분발할 수 있을까? 가장 큰 동기부여는 부모님이 성실하게 사는 모습이다. 역경에 굴하지 않고 힘차게 도전하는 부모님의 삶보다 더 좋은 동기부여는 없다.

아이가 공부를 안 하는 이유는 공부해봤자 성적이 안 오르고, 모르고 어렵기 때문이다. 열심히 하면 모르는 것도 알게 되는데 거기까지 가기가 어렵다. 아이의 마음속에는 공부를 잘 하고 싶은 마음이 본능적으로 자리 잡고 있다. 실패와 실수가 두려운 것이다. 그런 아이에게 "공부를 안 하니 성적이 올라가지 않는 거야. 공부하면 돼"라는 말은 소용없다.

청소년들에게는 공부만큼 어려운 게 없다. 모든 것을 참아야 공부가 된다. 피가 끓어오르는 시기에 참는다는 게 쉬운 일이겠는가? 그래서 공부를 잘하면 보상이 많고 오래가는 것이다. 집안 형편이 어려울수록 가족들이 힘을 합치고, 각자 자기 몫을 다할 때 전진할 수 있다.

77. 아이가 내성적이고 열등감을 갖고 있지는 않나요?
① 그렇다 ② 중간정도다 ③ 아니다

내성적 성격이나 열등감은 절대 단점이 아니다. 내성적 성격이나 열등감은 옳고 그름, 좋고 나쁨의 문제가 아니다. 또 언제든 변한다. 위대한 사상가, 발명가, 현자(賢者)들 중에는 내성적인 사람들이 더 많았다.

마이크로소프트사의 창립자인 빌 게이츠와 '오마하의 현인'으로 불리는 워런 버핏이 TED(미국의 비영리재단이 운영하는 강연회로 세계적인 유명 인사가 출연한다.)에서 대학생들과 대담했다. 두 사람 모두 내성적이었다. 빌 게이츠는 스스로 내성적이라고 말했는데 그는 말과 행동이 모두 겸손했다. 워런 버핏은 조용한 사색가로 존경받는데 재치와 유머가 돋보였으며 겸손함이 몸에 배어있었다.

미국 콜로라도영재센터의 린다 실버맨 소장은 30년 동안 영재들과 상담하면서 75%가 내성적이라는 걸 밝혀냈다. 내향적 영재가 외향적 영재보다 세 배가 많다. 부모가 바라는 성격유형이 있을지 몰라도 그런 성격이 더 좋은 성격도 아닐뿐더러 그렇게 되지도 않는다. 아이의 성격을 있는 그대로 인정하고 거기서 장점을 발견해 키워주면 된다.[122]

인성이 완성되지 않은 어린 시절에는 여러 가지 이유로 열등감을 갖기 쉽다. 특히 돈 권력 에 치우쳐 내면의 진정한 가치를 평가하기 힘든 청소년들은 더욱 그렇다. 가난은 죄도 아니고 인격, 인품과도 무관하다. 열등감은 자신을 채찍질 하는 힘이기도 하다. 리더들 중에는 외향적인 사람보다 내성적인 사람이 더 많고, 열등감을 성장의 자원으로 활용한 사람도 많다.

78. 혹시 아이가 왕따에 가담하거나 왕따를 당하지는 않나요?
① 그런 것 같다 ② 생각 안 해봤다 ③ 아니다

부모의 눈 밖에 난 아이, 부모의 기대를 충족시키지 못하는 아이, 우울한 부모의 아이, 너무 바쁜 부모의 아이는 부모로부터 무조건적인 사랑을 받기 어렵다. 그래서 아이는 자기가 미운 오리새끼라고 착각한다. 이때 아이는 열등감이 생긴다. 열등감을 느끼는 아이가 왕따를 당하기 쉽다. 열등감의 특효약은 부모가 사랑으로 아이의 자존감을 올려주는 것이다.

왕따를 당하는 아이는 잔인한 게임에 몰두하기 쉽다. 게임으로 복수하는 것이다. 그것보다는 자신을 왕따시키는 상대에게 강하게 대응하는 것이 좋다. 왕따를 당하면 그 즉시 내가 얻어맞는 한이 있어도 당당하게 대항해서 그렇게 못하도록 해야 한다. 한번만 확실하게 하면 된다.

아이들이 왕따 등 나쁜 행동을 방관하는 이유는 멈추게 하는 방법을 몰랐거나, 도와야 된다는 확신이 안서고, 고자질이 싫고, 다른 사람이 도울 거라는 생각 때문에 나서지 못한다.

내 아이가 친구를 왕따시킨다면 올바른 길을 설명해주면 좋다. 사람이 하지 말아야 할 일, 특히 잔인한 일을 하지 말아야할 이유를 설명하자. 약한 친구를 괴롭히는 것이야말로 가장 못난 짓이라고 말하자.

결국 자존감 부족이 문제인데 자존감은 유년기에 부모 자식 간의 관계에서 형성된다. 부모만이 무조건적으로 자식을 인정하고 받아준다. 자식이 무능하거나 부족해도 부모는 자식을 있는 그대로 사랑한다. 이런 경험이 축적되면 아이는 자기가 한 인간으로서 사랑받는 존재라는 자존감을 갖게 된다. 그런 아이는 왕따를 당하지도 않고 친구를 괴롭히지도 않는다.

가해자는 자신보다 약한 아이를 괴롭히면서 자신이 높아진다고 느낀다. 학교에서 사회적 지위(짱)도 얻을 수 있다. 아이들은 가해자가 쿨하고 강하고 재미있다고 판단할 수 있다. 잘못된 생각이니 고쳐주어야 한다.

폭력이나 왕따를 막기 위해서는 일관성 있는 훈육이 중요하다. 가해학생에게 '일체 심판하지 않겠다. 너는 학교에서 사랑받는다.'는 느낌이 들도록 해야 한다. 가해자들에게 "네가 아이들을 괴롭히는 짓을 그만둔 것을 잘 알고 있다. 네가 노력하고 있다고 본다."라고 칭찬하면 좋다. 이런 방법으로 괴롭힘이 93%, 집적거림이 53% 줄었다. 이는 미국 스탠데이비스의 학교폭력예방프로그램에 따른 숫자다.[123]

부모로부터 학대받은 아이는 다른 아이들이 울 때 그들을 때린다. 학대를 학습한 것이다. 반면 사랑받은 아이는 우는 아이에게 다가가 동정심을 보이고 도와줄게 있는지 살핀다.

5부

▲ △ ▲

#술담배 #전학 #숙제 #라이벌

#가치관 #실수 #슬럼프

있는 그대로의 나를 사랑하자. 남과 나를 비교하지 말자. 비교하는 순간 목이 마르다.

모든 사람은 항상 어떤 면에서 다른 사람보다 부족하다. 비교는 자신을 파괴하는 지름길이다. 지금의 나를 인정하고 문제가 크게 없다는 생각이 행복의 출발점이다. 그렇다고 현실에 안주하자는 것은 아니다. 나는 다른 사람을 행복하게 할 수는 없으나 나 자신을 행복하게 할 수는 있다. 남의 기준, 세상의 기준에 나를 맞추려고 하면 '나'는 없어진다. 나의 내면에는 위대한 힘이 존재한다. 그 힘을 발휘해보자. 나는 내 인생의 주인공, 주어진 인생을 열심히 살아가면 된다.

사람들은 모두 자신의 위치에서 나름의 역할을 담당하고 있다. 배역이 다르다고, 주인공이 아니라고 우월감이나 열등감을 느낄 필요 없다. 그 배역은 내가 살아온 삶의 결과물이니 원망이나 불평도 하지 말자. 나의 역할에 충실하다 보면 주인공이 될 수 있다. 주인공들도 모두 무명, 단역에서 시작했다. 주인공이 아닌들 어떤가? 우리는 모두 고유의 장단점을 갖고 있다. 그저 나의 인생을 열심히 살아가면 된다. 그 인생에서 우리는 모두 주인공이다.

내가 정말 좋아하고, 잘 할 수 있는 일이 무엇인지 파악하고 거기에 매진하면 그것으로 충분하다. 자신감을 갖자. 사람의 차이는 삶을 대하는 자세의 차이일 뿐 우열이 없다. 나를 사랑하면 남을 사랑하게 되고, 그 사랑은 다시 나에게로 돌아와 행복을 더해준다.

인간에게 가장 공평하게 주어진 것은 시간이다. 그 시간을 어떻게 보내는가에 따라 인생이 달라진다. 현재의 자원과 여건 속에서 나에게 투자하자. 공부할 시간은 그리 많지 않다. 낭비하지 않고 아껴서 전력질주하기에도 짧은 시간이다. 세월은 시위를 떠난 화살보다 빠르다.

79. 아이가 전학을 원하거나 부모님이 전학시키고자 하시나요?
① 그렇다 ② 생각중이다 ③ 아이와 논의 중이다

전학하면 적응이 쉽지 않다. 예민한 사춘기 그것도 여학생의 경우는 더 하다. 정든 친구와 헤어지고 새로운 친구를 사귀는 것은 스트레스다. 특히 아이가 감수성이 풍부하거나 내성적일 경우는 더 힘들다.

사춘기 아이에게 친구가 없다는 것은 거의 지옥이다. 사춘기에는 또래 가 가장 강력한 행동모델로 모든 면에서 서로 영향을 미친다. 특히 아이가 부모님과 떨어져 혼자 전학하는 것은 더 신중해야한다. 부모님과 아이 모 두 잘 할 자신이 있을 때 아이와 협의해서 결정하는 것이 좋다. 그렇다고 두려워할 필요는 없다. 외국으로 유학도 가는데.

다른 곳에서 서울로, 강북에서 강남으로 전학하면 일반적으로 성적, 내 신이 떨어진다는 걸 각오해야 한다. 이런 여러 가지 역기능을 극복할 자신 이 있는 지부터 점검해야 한다.

미국의 발달심리학자 주디스 리치 해리스에 따르면 어린 아이들의 발달 을 결정짓는 세 가지 주된 영향력은 개인적 기질, 부모, 친구들이다. 친구 들과 공유하는 세상이 아이들의 행동을 결정하고, 타고난 성격을 바꾸며, 어떤 사람으로 자라게 될지에 영향을 미친다. 부모님들의 "친구 잘 사귀라" 는 말은 이런 이유 때문이다.

이렇게 친구가 중요한 시기에 전학을 가면 다른 세계로 가는 셈이다. 사 교성이 좋고 외향적인 아이라도 이 상황은 스트레스다. 공부 압박감에 고 립감과 외로움이 겹치면 감수성 예민한 10대에게는 큰 짐이다.

캘리포니아대학 심리학교수 나오미 아이젠버거 연구팀은 사회적 고립 이 두뇌에 미치는 영향을 연구한 결과, 신체적 고통과 사회적 고통을 처리하는 뇌 부위가 같았다. 외로움, 따돌림 같은 사회적 고통은 육체적 고통을 동반한다. 마음이 아프면 실제로 몸도 아프다. 인간에게 친구 같은 사회적 유대는 신체의 안전만큼 중요하다. 그러나 아이에게 변화가 필요하다면 전학도 괜찮은 방법이다.

80. 아이가 혹시 술이나 담배를 하나요?
① 한다 ② 잘 모르겠다 ③ 안 한다

아이들은 작은 충격이나 유혹에도 쉽게 술 담배 게임 약물에 기대게 된다.

미네소타대학 심리학교수 데이비드 월시에 따르면 담배의 니코틴은 도파민생성을 부추겨 사람을 기분 좋게 만든다. 니코틴은 성인보다 10대들에게 세배 더 위험하다. 미국에서는 매년 40만 명이상이 담배로 사망하고 매일 3천명의 아이들이 니코틴중독에 빠진다.

우리나라에서는 성인보다 청소년, 특히 여자 아이들의 흡연이 늘고 있다. 청소년 시절의 흡연은 성인기로 이어진다. 컬럼비아대학 약물남용연구센터에 따르면 부모자녀관계가 나쁜 가정의 아이들이 좋은 가정의 아이들보다 4배나 더 술 담배 약물남용에 빠진다.

성인보다 아동과 청소년기에 뇌가 더 잘 변하는 것은 환경에 잘 적응하기위해서다. 따라서 중독도 더 잘되고 중독으로 인한 상처도 더 깊다. 청소년의 뇌는 성인의 뇌보다 부정적인 정보를 처리하는 능력이 떨어지기 때문에 더 쉽게 위험한 일에 뛰어들고 그로인한 실수나 사고로부터 배우는 능

력도 떨어진다.[124]

아이가 행복하고 긍정적이며 열정적일 때 성공이 다가온다. 행복은 현재에 대한 긍정적인 감정상태와 미래에 대한 낙관적 전망이다. 당연히 행복한 아이들의 성적이 더 좋다. 긍정적인 감정이 충만해지면 학습능력과 창의성이 좋아지고, 다양한 아이디어가 떠오르기 때문이다.[125] 행복한 감정은 도파민과 세로토닌을 분비시키는데 이 두 호르몬은 기분을 좋게 만들 뿐만 아니라 학습중추를 자극한다.

현실에 대한 해석에 따라 경험과 삶, 인생이 바뀐다. 학업을 부담으로만 여기는 아이는 소중한 기회를 그냥 흘러 보내는 반면 학업을 특권으로 생각하는 아이는 많은 기회가 찾아온다. 부모 자녀관계가 좋아야 할 이유들이 너무나 많다.

81. 아이의 숙제를 어느 정도 도와주시나요?
① 전혀 도와주지 않는다   ② '숙제는 했니?' 정도다   ③ 약간 도와준다

사람은 성장, 발달하려는 본능을 타고나기에 강압은 필요 없다. 의무감은 열정의 적이다.

아이가 건강하고 긍정적으로 살아가려면 건강한 가치와 규칙들이 몸에 배어야한다. 미국 심리학자 리처드 라이언과 웬디 그롤닉은 초등학생 부모를 상대로 아이가 외부(부모 가정 사회)의 가치와 규칙을 성공적으로 내면화하기 위해 어떤 환경이 좋은가를 연구했다.

결과는 자율성을 북돋우면서 관심을 많이 보인 부모, 숙제에 대해 물어보고 어려움이 있으면 약간 도와주는 부모의 자녀들이 가치를 내면화하는

정도가 높았다. 이런 아이들은 책임지고 숙제를 하려했다.

학교생활을 잘해내야 한다는 가치를 내면화한 아이들은 책임감이 더 컸고 더 행복했다. 아이에게 명령보다는 권유하고, 통제보다는 선택하게 하시라. 이유를 제시하고 감정을 인정하고 압박하지 말아야 한다.

부모가 아이의 개성과 자율성을 존중하면 아이는 진정한 자유를 느끼고 책임감 있는 사회인으로 자리 잡을 수 있다. 그러나 허용의 한계를 정해서 그 선을 넘을 때 부모님이 일관되게 반응해야 한다. 그래야 아이가 헷갈리지 않고 행동노선을 정할 수 있다.

냉정하게 사사건건 통제하거나 혼란스런 환경에서 자란 아이는 이기적이거나 반항적이 돼 무책임하게 행동하기 쉽다. 통제당한 아이는 자기 내면에 어떤 힘이 잠재해 있는지, 자신이 진정으로 바라는 게 무엇인지 탐색할 능력도 사라진다.

자녀에게 올바른 행동을 가르친다는 이유로 사랑을 주었다 거뒀다 하는 부모는 아이가 규칙을 내면화하는 걸 가로막는다. 아이를 강력하게 밀어붙이면 사랑을 잃을지 모른다는 두려움, 불안감이 싹튼다.[126]

82. 아이가 자신의 미래에 대한 인생계획표(타임 스케줄)가 있나요?
① 그런 건 생각도 안한다 ② 잘 모르겠다 ③ 있다

기초역량과 창의력이 최고조에 이르는 나이는 25세다. 중1이라면 14세이니 25-14=11년이 남는다. 남학생은 그 중 1~2년은 군대에 가니 9~10년이 남는다. 3년은 잠을 자고 3년은 일상생활을 하니 딱 3~4년이 미래를 준비할 수 있는 시간이다. 여중생은 4~5년.

텔레비전을 많이 보면 초교생은 3점, 중학생은 6.3점, 고교생은 8~10점 점수가 낮게 나온다. 텔레비전을 보는 것은 단순히 시간을 낭비하는 것 이상으로 문제가 있다. 게임과 휴대전화 중독은 더 심각하다. 텔레비전을 본 뒤 공부하는 것은 잠자고 있던 사람이 갑자기 운동하는 것과 같다. 텔레비전은 뇌를 과도하게 자극하고 보고난 뒤에는 잔상이 남기 때문이다.

마이크로소프트의 빌게이츠, 애플의 스티브 잡스, 페이스북의 마크 주커버그는 모두 20대 초반에 사업을 키워 세계최고가 된 사람들이다. 이들은 어린 시절부터 컴퓨터와 같이 보낸 시간이 많지만 컴퓨터를 활용해 콘텐츠를 생산한 사람들이다. 게임은 콘텐츠를 소비한다. 우리 아이들이 콘텐츠 소비자가 되지 말고 생산자가 되면 얼마나 좋을까!

빌 게이츠는 꿈을 가진 후 10년 노력 한 뒤에 달성했다. 미국에서는 14세 창업이 흔하다. 세계의 친구들이 자신의 꿈을 향해 달려갈 때 남들이 만든 게임에 매달려 부모님께 혼나고 정작 해야 할 공부는 게을리 하면서 건강마저 해치고 있지는 않은가?[127]

내가 만들어가야 할 꿈이 나를 간절히 기다리고 있다. 게임을 하느라 손가락 사이로 시간이 바람처럼 빠져나가고 있다. 이런 시간낭비는 나에게 주어진 자유를 누리는 것이 아니라 죄를 짓는 것이다. 먼저 꿈을 정하고 그 꿈을 어떻게 언제쯤 달성할지 인생계획표를 세우자. 그러면 낭비하는 시간이 아까울 것이다. 시간은 또 얼마나 빠르던가!

사람은 일반적으로 이득보다는 손해를 두 배 더 중시한다. 동전 던지기를 할 때 앞면이 나오면 100달러를 손해보고 뒷면이 나오면 150달러를 딴다고 하면 사람들은 동전던지기를 하지 않는다. 확률 상 무조건 던져야 하지만 적어도 200달러를 딴다고 해야 던진다. 손실이 주는 불행감이 이득이

주는 행복감보다 크기 때문이다.

두 개의 컵 중 무엇을 사용해도 좋지만 하나의 컵으로 정한 지 하루가 지나면 다른 컵으로 바꾸고 싶지 않다. 소유효과 때문이다. 사람은 이득을 얻기보다는 손해를 피하려는 욕구가 훨씬 강하다.[128] 아이는 +2보다 -1이 더 싫다. 아이를 비판하기보다 격려해서 인생계획표를 만들도록 하자.

83. 아이에게 '젊어서 고생은 사서라도 하라'고 하시나요? 고생하지 않고 크길 바라시나요?

① 고생하지 않았으면 좋겠다　② 약간은 했으면 한다　③ 사서라도 하면 좋겠다

시련은 모든 생명체를 강하게 만든다. 미국 심리학자 스티브 마이어는 쥐들에게 전기충격을 가하는 실험을 했다. 그 결과 전기충격을 스스로의 노력(핸들을 돌리면 전기를 차단한다)으로 차단할 수 있었던 어린 쥐들은 강인한 어른 쥐로 성장했다. 그러나 전기충격을 통제할 수 없었던(핸들이 없어 전기충격을 고스란히 받아야 했다) 쥐들은 무력한 어른 쥐가 돼버렸다.

청소년기에 어려운 역경을 극복하면 전전두엽피질과 변연계 등에 역경을 극복하는 신경회로가 형성돼서 비슷한 역경에 부딪히면 그 회로가 반응해 역경을 이겨내는데 도움이 된다. 사소한 불편 정도로는 회로를 형성하지 못한다.[129] 그러니 말로만 '역경을 극복할 수 있다'고 다짐하는 것보다 실제 겪어보아야 한다. 살면서 역경이 없을 수 없다. 젊을 때 고생을 하면 그 이후 역경극복에 크게 도움이 된다. 늙으면 재기(再起)가 어렵다.

그렇다면 극심한 역경이 계속될 때는 어떤가? 위험하다. 위의 실험쥐처럼 역경이 지속되면 '나는 못해'라는 무능감, 무력감에 희생될 수 있다. 그

래서 빈곤가정의 아이들이 빈곤이 던지는 문제에 오래 매몰되면 무력한 어른으로 성장하는 등 문제가 될 수 있다. 같은 이유로 실패를 모르고 자란 나약한 우등생들, 어려움 없이 자란 부잣집 아이들도 문제다. 이들은 실패를 극복한 경험이 없어서 난관이 닥치거나 한번 실패하면 일어서기 힘들어한다.

지능이나 재능을 칭찬하는 대신 노력한 과정을 인정해야한다. "와! 정말 빨리 풀었구나. 실수 하나 없이 잘 풀었네."라는 말은 속도와 완벽성을 칭찬하고 있다. 그런데 속도와 완벽은 학습의 적이다. 어려운 수학문제는 실패를 거듭해야 풀 수 있다. "문제 푸느라 고생했네."라고 노력을 인정하면 된다.[130] 아이의 지능과 재능의 성장을 믿고 배움의 과정을 즐기게 하자.

84. 아이의 경쟁상대(라이벌)가 있나요?
① 모르겠다 ② 없는 것 같다 ③ 있다

누구나 꾸준히 노력하는 게 쉽지 않다. 너무 어려운 문제에 부닥치면 포기하고 싶어진다. 이를 극복하는 방법은 많겠지만 가장 쉬운 방법은 마음속으로 경쟁상대를 정해서 그를 이기겠다고 다짐하는 것이다. 노력을 자신과의 싸움으로 만들면 힘들다. 자신이 아니라 라이벌과의 경쟁이 효과적이다. 그러면서 노력하는 나 자신을 인정하고 칭찬하자.[131]

사람에게는 환경을 활용하고자 하는 욕구, 탐구욕, 도전욕구가 있는데 이 욕구들은 적절한 환경에서만 작동된다. 재미 대신 돈 때문에 어떤 행동을 하게 되면 동기, 욕구, 즐거움이 사라진다. 수학문제를 하나 풀 때마다 돈을 주겠다고 하면 아이는 단기적으로는 문제를 풀겠지만 나중에는 수학

에 대한 흥미를 잃는다.[132)

보상은 시야를 좁게 한다. 단순한 문제에는 보상이 도움이 되지만 복합적인 상황에서는 보상이 효력을 발휘하지 못한다. 보상을 받으면 즐겁게 하던 것도 일로 느껴진다.

아이들이 매일 저녁 집 앞에서 시끄럽게 떠들며 즐겁게 놀았다. 집주인이 아이들을 불러 집 앞에서 놀 때마다 3달러를 주었다. 1주일 뒤 2달러로 줄였고 2주일 뒤에는 1달러로 줄였고 3주일 뒤에는 50센트로 줄였다. 아이들은 더 이상 집 앞에 오지 않았고 집 주인은 편안해졌다.

번창하는 사람은 부러움의 대상이 되고 역경을 이겨내는 사람은 존경받는다.(프랜시스 베이컨) 어려워도 자신의 신념을 확고히 지켜나간 것에 대한 존경이다. 불굴의 용기를 보여준 사람을 질투하지 않고 존중해야 불행을 더 잘 물리친다. 질투는 눈을 멀게 하지만 존중은 새로운 대안을 찾는데 도움이 된다.[133) 나보다 나은 사람을 질투하지 말고 라이벌로 정해서 노력하자.

0점에서 80점으로 가기는 쉽다. 80점에서 100점 가기가 어렵다. "노력에는 반드시 보상이 있다. 만약 보상을 얻지 못했다면 그것은 아직 노력이라고 할 수 없다"(야구선수 오 사다하루〈왕정치〉)

85. 평소 아이에게 '어떤 일을 하라'고 말하나요? 아니면 '어떤 사람이 되라'고 하나요?

① 어떤 일을 하라고 한다 ② 두 가지 다 말한다 ③ 어떤 사람이 되라고 한다

사람들의 80%는 부정적인 생각을 하고 20%만이 긍정적이라고 한다.

80%는 돈 명예 지위 등을 추구하고 20%는 자신의 잠재력을 발휘해 성장하고 행복해질 수 있다는 생각을 한다.

80%는 흡수하는 에너지를 자신만을 위해 사용하고 20%는 사회에 환원한다. 20%의 사람을 만나면 그들의 에너지를 받아 충만하고 기쁘지만 80%를 만나면 피곤해진다.[134]

그러나 사람은 살면서 변한다. 지금은 80%에 해당된다고 해도 얼마든지 20%가 될 수 있다. 그렇다면 의식수준을 높이기 위해 어떻게 해야 할까? 고통 실패 역경이 필요하다. 인생에서 가장 중요한 배움은 '고통을 통한 깨달음'이다. 고통은 인생을 살아가기 위한 실력을 쌓아주기 위해 우주가 내는 문제이자 선물이다.

4차 산업혁명시대. 아이는 놀이하는 것처럼 즐거운 마음으로 동아리 활동을 하고, 자신이 하는 일에 열정을 가져야 한다. 프로젝트, 열정, 친구, 놀이가 창의성의 필수요소다. 창의성은 1%의 영감과 99%의 노력이고 명확한 목표가 있어야 나온다. 창의력은 끈기 지식 정보 친구가 필요하다.[135] 지식과 정보는 그중 쉽게 얻을 수 있다. 친구는 인성을 갖춰야 얻을 수 있으므로 경쟁중심으로 아이를 키우면 얻기 어렵다. 끈기 역시 부모의 훈육으로 길러진다.

인생을 길게 보면 가치관이 중요하다. 무엇을 할까보다 어떤 사람이 될까가 더 중요하다. 나의 인생에서 어떤 것에 가치를 두고 살까를 숙고해서 선택해야 한다.[136] 거기서 꿈 목표 계획이 다 나온다.

꽃들은 서로를 시기하지 않는다. 이 세상에는 나보다 나은 사람들이 많다. 그들을 다 따라할 건가? 언제까지? 가장 나다운 것이 가장 아름답다. 이름 없고 못생기고 이익을 주지 않아서 잡초가 아니다. 있어야 할 자리에 있지 않을 때 잡초가 된다. 논에 난 산삼은 논의 입장에서는 잡초다. 공부를 잘 하는 친구는 좀 이른 시기에 피는 꽃이다. 좀 늦게 피면 어떤가. 소중한 나 자신을 위해 물도 주고 거름도 주자.

86. '어떻게 살아야 하는가?'라는 문제에 대해 아이와 깊은 대화를 나눠 보셨나요?
① 없다 ② 한 두 번은 했다 ③ 대화를 자주 한다

공부를 왜 하는지 명확한 이유도 모르고 그냥 공부한다. 공부를 통해서 이루고자 하는 목적, 목표도 없이 공부한다. 그러면 좋은 결과를 내기 어렵다. 공부를 하고 싶어도 돈이 없어 못하는 아이들이 많다. 부모가 지원할 때 공부 하지 않으면 언제 할까? 부모가 언제까지나 지원할 수도 없다.

사는 방법은 많다. 그중 가장 확실하게 사는 방법은 나만의 결승점을 정하고 그곳을 향해 전진하는 것이다.

2009년 한 소녀가 미국 하버드대학에 들어갔다. 카디자 윌리엄스. 태어날 때부터 집이 없어 노숙자로 여러 도시를 전전하며 살았다. 그러나 공부는 포기하지 않았다. 학교를 12번이나 옮기고 6학년은 건너뛰고 8학년은 학교에 2주 밖에 못나갔다.

노숙인 시설에 머무는 동안은 학교에 갈 수 있어서 새벽에 일어나 냄새 나지 않는 옷을 입고 등교했다. 모자라는 잠은 버스에서 잤다. "집도 없는 주제에 무슨 공부냐?" 라는 주변의 빈정거림에도 한 달에 4~5권의 책을 읽고 결국 고등학교를 졸업했다.

그녀는 하버드대 콜럼비아대 브라운대 등 20개의 명문대에 당당히 합격

했고 하버드 4년 장학생을 선택했다. 카디자는 공부를 통해 가난과 고통을 극복하고 희망을 찾았다. 이것이 공부가 주는 혁명이다. 공부는 인생을 무조건 좋게 바꿔놓는다. 공부를 하면 나만의 길이 생기고 자존감도 높아진다.

생각하지 않는 사람은 위험하다. 공부는 생각과 지식을 함께 충전한다. 공부를 하기 위해서는 규칙을 만들어야 한다. 쉬운 규칙부터 만들어 공부를 즐거운 일로 경험하자. 최선을 다한 공부는 절대 배신하지 않는다.

1990년대에 '탁구마녀'라 불렸던 중국의 덩야핑. 92년, 96년 올림픽여자탁구 단식 복식 2관왕 2연패, 탁구실력과 불꽃같은 눈매로 마녀라고 불렸다. 세계대회 금메달이 18개, 국내대회 우승이 132번이다. 지금까지 그녀를 넘어서는 탁구선수는 없다.

처음 국가대표가 됐을 때가 13살로 키가 150㎝도 안됐다. 탁구하기에는 불리한 체격이다. 대표팀은 그녀를 국가대표로 뽑기를 망설였지만 신체적 한계를 극복해 세계최고의 탁구선수가 됐다. 다른 사람이 1년 동안 신을 운동화를 한 달 만에 닳아 없앴다.

그녀는 세계적 명문 영국 캠브리지대학 경제학박사다. 운동을 그만둔 뒤 중국 칭화대에 들어가 알파벳도 몰랐지만 공부했고 결국 캠브리지에 갔다. 2010년부터는 인민일보 계열사인 지커닷컴의 CEO로 근무했다. 그녀는 늘 도전한다.

기자가 물었다 "탁구, 박사학위, CEO 중 어느 것이 가장 어려운가?" "세상에 쉬운 일은 없다. 하지만 안 되는 일도 없다"[137] 얼마나 멋진 사람인가.

87. 아이가 같은 실수를 자꾸 반복하나요? 재수를 넘어 3수, 4수 하나요?

① 그렇다 ② 그런 편이다 ③ 아니다

어른도 흔히 같은 실수를 반복한다. 의지는 믿을 것이 못된다. 의지가 아니라 습관, 환경으로 극복해야 한다.

기억은 오류가 많아서 과거를 잘못 회상하거나 미래를 잘못 예측하게 한다. 기억, 추억은 100% 사실이 아니라 편집된 것이다. 우리가 기억하는 것은 가장 좋았던 순간이거나 가장 나빴던 순간이지 가장 흔한 순간이 아니다.

캠핑 간 것을 기억할 때 좋았던 순간이 떠오르면 자꾸 캠핑을 간다. 나쁜 점을 기억하지 못하니 개선하지 못해 종전과 비슷한 캠핑을 한다. 우리는 또 마지막을 기억하는 경향이 있다. 그래서 끝이 좋으면 다 좋다고 생각한다.[138]

그 결과 우리는 과거의 경험으로부터 많이 배우지 못한다. 그래서 실수를 반복한다. 재수를 넘어 3수~4수하는 것이 바로 이런 이유 때문이다. 공부를 잘 하려면 의지보다는 잘할 수 있는 환경을 만들고, 공부시스템을 만들고, 공부를 습관화해야 한다.

의지력 강한 아이로 키우려면 스킨십을 많이 하고 아이의 울음에 즉각 반응하는 등 사랑을 퍼부어야 한다. 심각한 학대, 무정한 양육, 가정불화 등은 아이의 신경계에 손상을 가해 의지력을 약화시킨다. 그런 아이는 분발, 도전하지 못한다. 공부도 못한다.

그럴수록 스스로 내게 가장 중요한 것이 무엇인지 확인하고, 나는 할 수 있다고 자꾸 다짐하면 의지력이 강해진다.[139] 다짐과 결의대로 되지 않더라도 포기하지 않고 자꾸만 다짐하고 결의를 다져야 한다.

88. 아이가 대학에 가기보다는 다른 일을 하며 꿈을 펼쳐보겠다고 하나요?

① 아예 꿈이 없다　② 대학은 나오라며 아이와 다툰다　③ 아이의 뜻을 존중한다

1만 시간의 법칙. 즉 하루에 6시간씩 5년, 12시간씩 2.5년이면 1만 시간인데 이 시간만큼 한 가지에 집중해 노력하면 엄청난 결과를 낳는다고 한다. 4차 산업혁명시대다. 우리나라의 주입식 공부시스템으로 공부한 사람은 앞으로 쓸모가 없다. 공부에 흥미가 없는 학생은 자신의 재능을 찾아서 그 재능을 살리면 된다.

독일 함부르크-에펜도르프대학병원의 신경과학자들이 50~67세 사이의 남녀 44명에게 곡예훈련을 시켰다. 그 결과 이들의 뇌에서 시각관련 피질이 늘어났다. 학습에는 나이제한이 없다. 역사에 큰 족적을 남긴 사람들은 대부분 중·장년기 이후에 그런 업적을 이룩했다.

다음과 같은 말들을 수시로 반복하면 좋다고 한다. '나는 스스로를 돌본다. 나는 고집을 버리고 융통성 있게 선택한다. 나는 내가 해야 할 일을 하고 결과는 하늘에 맡긴다. 모든 사람이 나의 스승이다. 우주는 나의 변화를 지지한다. 나는 결과에 관계없이 내가 원하는 것을 소망한다. 지금 이 모든 것을 사랑과 기쁨의 눈으로 바라본다.'[140]

자신에게 너무 초점을 맞추고 살면 우울증에 걸리기 쉽다. 목표 달성에 실패하면 무기력해진다. 나의 목표, 성공, 쾌락이 중요하다고 믿을수록 실

패했을 때 상처도 커진다.[141] 전문가들은 자신보다 사회 환경 국가 등 더 큰 목표를 설정할 것을 권한다.

미국 성인 1만6천명을 대상으로 조사한 결과 그릿(끈기 투지 근성 동기)이 높은 사람들과 보통사람들은 모두 비슷한 쾌락욕구가 있지만 그릿이 높은 사람들은 타인과 사회를 위해 더 큰 목적을 갖고 있었다. 목적의식을 기르려면 "어떻게 하면 세상이 더 살기 좋은 곳이 될까?"라는 꿈을 꾸어야 한다는 것이다. 이런 꿈은 대학과는 무관하다.

대학에 안 가면 불안할 수 있다. 불안과 좌절은 나를 성장시키고, 경쟁과 도전은 나를 발전시킨다. 1909년 독일의 세균학자 파울 에를리히는 매독 치료제 '606'을 만들었다. 605번 실패하고서야 성공했다. 아이들도 마찬가지다. 실패 불안 분노 슬픔을 겪으면서 어른이 된다. 실패의 경험이 없으면 '606'의 성공을 뺏는 것이다.[142] 굳이 대학에 안가도 되는 세상이다.

89. 아이가 슬럼프(부진·의욕하락)를 자주 겪나요?
① 그렇다 ② 가끔 그런 것 같다 ③ 아니다

사람은 오랜 시간 계속해서 집중, 긴장할 수 없다. 더 큰 성과를 내려면 노력 결단 자제력이 필요하다. 노력은 꿈을 이루기 위한 기초요소이고, 결단은 하나를 얻으려면 하나를 포기하겠다는 의지다. 가지 않은 길에 대한 미련을 버리고, 현재의 안주를 넘어 모험의 길을 가려는 의지다. 자제력은 쉬고 싶은 욕구, 음주, 게임, 친구와 놀기 등 나를 흔드는 말초적 욕구들을 참는 것이다. 아이들로서는 쉽지 않다. 슬럼프는 당연하다.

1979년 남극대륙관광용 여객기가 승객 등 257명을 태우고 뉴질랜드를 출발했다. 조종사들은 누군가가 2도 정도 비행좌표를 변경하는 바람에 비행기가 경로에서 45㎞ 동쪽으로 가고 있다는 사실을 몰랐다.

남극대륙이 가까워오자 조종사들은 탑승객들에게 멋진 경치를 보여주기 위해 비행고도를 낮췄다. 안타깝게도 부정확한 좌표 때문에 비행기는 활화산인 에러버스산위로 지나가고 있었다. 눈 덮인 화산과 그 위에 낀 구름을 구분할 수 없어 조종사들은 평소처럼 평지 위를 날고 있다고 생각했다. 고도를 신속히 높이라는 경보음이 울렸을 때는 이미 늦었다. 여객기는 화산에 부딪혔고 탑승객은 전원 사망했다. 비행기 좌표를 2도 잘못 설정한 실수가 엄청난 비극을 초래했다.

사소한 오류도 수정하지 않으면 대형사고로 이어진다. 슬럼프도 그렇다. 내가 제대로 가고 있는가? 나의 꿈은 무엇인가? 언제 그것을 이룰 것인가? 경로를 벗어나지는 않았는가? 항상 스스로를 점검하자. 그러면 슬럼프를 줄이고 조금이라도 더 매진할 수 있다. 급한 일보다 중요한 일에 집중하자. 매일 아침 꿈을 떠올리고 목표달성을 믿고 이를 간절히 원하자.

하루에도 오만가지 생각이 떠오른다. 욕망 충동 생각 느낌은 무의식적인 것이기에 막을 수는 없다. 그것을 행동으로 옮기느냐 마느냐가 중요하다. 이 때 긍정적이고 유익한 행동에 의식적으로 자꾸만 초점을 맞추자.

두뇌는 환경이 변하면 회로, 화학성분, 기능이 달라진다. 사고로 오래 걷지 못하면 다리 근육뿐만 아니라 걷기를 담당했던 뇌 부위도 위축된다. 그러나 강한 의지로 걷기연습을 자꾸 하면 걷기를 담당했던 뇌가 회복된다.[143] 끈질기게 노력하면 뇌도 바뀌고 꿈도 이룬다.

유혹을 극복하려면 약한 유혹부터 극복하자. 그러면 할 수 있다는 자신감이 생기고 그 자신감이 좀 더 강한 유혹을 극복하게 한다. 게임을 1시간

하다가 30분으로 줄이고 10분으로 줄이고 매일 하다가 이틀에 한번, 3일에 한번, 1주일에 한번으로 줄여나가는 것이다.

90. 아이가 공부한 것을 잘 외우지 못하나요?
① 그렇다 ② 중간 정도다 ③ 잘 기억한다

시험을 잘 보려면 기억력이 좋아야 한다. 뇌가 정보를 이해하고 숙성시켜야 기억한다. 최고의 기억법은 아이가 선생님이 되어 남들 앞에서 공부한 내용을 가르쳐보는 것이다. 이를 체험기억이라고 하는데 이해-숙고(熟考)-체험의 과정을 거치기 때문에 기억에 남는다. 정보가 여러 번 반복해서 뇌에 들어오면 해마가 중요하다고 판단해 측두엽으로 보내 장기 저장한다. 개념과 공식을 완전히 이해한 다음 여러 번 복습하면 된다. 예습과 반복 복습이 공부의 왕도다.

예습을 하고 교실에 들어가면 선생님의 말씀에 공감하거나 이견이 생기고, 어떤 부분을 모르는지를 알게 된다. 그러면 노트에 적는다. 예습은 그저 책을 한번 죽 훑는 것으로 충분하다. 모르는 부분은 그냥 넘어간다.

학습은 가르쳐보기 90%, 실제 해보기 75%, 집단토의 50%, 시범강의보기 30%, 시청각수업듣기 20%, 강의듣기 5% 순으로 효과가 있다. 잠을 충분히 자야 기억에 좋다. 침실은 어둡고 따뜻해야 한다.[144]

'삶은 힘겹다'를 '삶은 도전이다'로 바꾸어보자. 상상하지 않으면 기회를 잡을 수 없다. 상상하라. 그것이 현실이 된다. 꿈을 이룬 나의 모습을 그려보자. 가고 싶은 대학의 캠퍼스사진을 책상 앞에 붙여두고 그곳에서 공부하는 나의 모습을 그려보자.

성공의 유일한 장애물도 나 자신이고, 성공의 유일한 길도 나 자신이다. 낙담이 악마의 도구라면 나 자신은 하늘의 도구다. '나는 행복하고 성공적인 사람'이라고 생각하자. 끈기는 할 수 있다는 강한 의지에서, 고집은 할 수 없다는 강한 의지에서 나온다.

새로운 날이 아름다운 것은 새로운 시작을 할 수 있기 때문이다. 승자는 아이디어가 있지만 패자는 변명만 한다. 승자는 '나는 이 일을 할 거야'라고 하지만 패자는 '이건 내일이 아니야'라고 한다. 승자는 문제의 해결책을 찾으려고 하지만 패자는 문제점만을 찾는다. 승자는 무엇이든 하려하지만 패자는 그 일에서 벗어날 궁리만 한다. 승자는 패자가 할 시간이 없다고 하는 일을 하고, 할 필요가 없다고 하는 일을 한다.[145]

스스로에게 물어보자. "나는 쉬운 선택을 했는가, 옳은 선택을 했는가?" 오늘 한 선택이 미래를 결정할 것이다. 승자의 길을 가고자 하면 활력이 왕성해지고 기분이 좋아지면서 기억력도 향상된다고 한다. 선순환이 일어나는 것이다.

골프전설 아놀드 파머는 "자신이 패했다고 생각하면 실제로 패한 것이다. 이기고 싶지만 그럴 수 없다고 생각하면 실제로 이길 수 없다. 가장 강하고 가장 빠른 사람이 승리하는 것이 아니라 자신이 이길 수 있다고 생각하는 사람이 이긴다."고 했다. 복습을 거듭해보라. 그러면 성적이 급상승하고 이길 수 있다는 자신감도 충만해진다.

91. 아이에게 언제부터 본격적으로 공부를 시키셨나요?

① 3~4살부터   ② 초교입학부터   ③ 초교 3~4학년부터

많은 엄마들이 아이가 유치원 가기 전부터 공부에 열성이다. 아이는 일

찌감치 선행학습의 멍에를 지고 힘겹게 행군중이다. 뇌는 그렇게 작동하지 않는다. 뇌는 자신이 하고 싶은 일이라야 집중한다. 한 일을 인정받으면 더 집중해서 잘한다.

부모는 아이가 어떤 일이건 부딪치고 어려움을 극복하는 법을 배우도록 기회를 줘야 하는데 그럴 기회는 뺏고, 모든 면에서 1등을 하라고만 강조한다. 또 아이에게 '너는 대단해'라고 엉뚱한 자부심을 심어준다. 그렇게 하면 부모 자식 모두 실패한다. '숙제는 네 몫이고, 일은 엄마 몫이다. 개인적으로 각자 책임을 지는 거야.'라고 하자.[146]

어릴 때는 친구랑 놀기, 위인전 읽기, 봉사, 여행을 많이 하면 최고다. 평생 롤 모델이 생기면 그것으로 동기부여가 되고 꿈을 찾아내고 성숙해진다. 세돌 이하의 아이에게는 그림책을 구경하는 수준으로 책에 익숙하게 만드는 것으로 충분하다. 그저 행복하게 많이 안아주면 족하다. 그러면 기저핵과 변연계가 발달하고 나중에 공부를 담당하는 전두엽이 제대로 발달한다. 네 돌 미만의 아이가 스트레스를 받으면 변연계가 망가져 성격은 물론 공부도 못한다. 본격적인 공부는 초교 3~4학년 때부터 시작하면 된다.[147]

엄마의 치마폭에 싸여 고분고분 시키는 대로 하는 아이가 좋은가? 그런 아이는 성숙할 수 없다. 숙제를 대신 해주면 아이에게 '넌 무능해'라고 각인시키는 것이다. 부모는 공부여건이나 환경을 만들어주고 조금만 거들어주면 된다. 아이가 공부를 하면서 몸이나 다리를 흔들고, 음악을 듣고, 볼펜을 씹고 하는 것에 대해 지적하지 마시라.[148] 그런 건 문제가 안 된다.

6부

▲ △ ▲

#취미   #부모공부

#공부동아리   #개성

자녀의 성공과 실패는 선택의 문제이기도하다. 어릴 때 어떤 가정교육을 받았느냐에 따라 아이는 성공의 영광도, 실패의 쓰라림도 맛볼 수 있다. 이 책이 줄기차게 주장하는 대로 부모님이 자녀에게 폭포수 같은 사랑을 퍼붓고, 아이의 행동에 대해 일관되게 반응하고, 어릴 때부터 독서습관을 들이면서, 강압이나 방임 없이 적절하게 도와주면 공부는 물론 인생에서도 성공한다.

물론 말은 쉽지만 현실적으로 그렇게 하기가 쉽지 않다는 게 문제다. 그러나 자녀문제만큼 중요한 것도 없으니 부모는 아이가 태어나고 10년 정도는 인내하고 고생해야 한다. 딱 10년만 정성을 들여 아이의 생활의 틀을 잡아놓으면 그때부터는 아이 스스로 공부하며 인생행로를 개척해 나간다.

10년 뒤부터는 지켜보며 격려하고 응원하면 된다. 아이가 도움이 필요할 때만 약간씩 도와주면 된다. 10년이 지나면 아이는 사춘기가 시작되고 부모 품에서 떠날 채비를 한다. 그러니 10년 세월이 얼마나 귀중한 시간인가. 더 없이 행복하고 값진 시간이다. 너무 빨리 가버려 아쉽기도 하다.

92. 가족들이 같이 하는 취미생활이 있나요?
① 없다 ② 있으면 좋겠다고 생각한다 ③ 있다

하버드대 아만드 니콜라이 심리학과 교수는 "부모들이 돈을 벌고 경력을 쌓느라 집밖으로 돌면서 아이들은 불행한 희생자가 되어 고통 받는다. 자녀가 부모와 보내는 시간이 부족해지면서 자살과 정서장애가 늘고 있다"고 했다.

가족은 행복의 원천이지만 미움의 뿌리가 될 수도 있다. 가족이 같이 지켜야할 규칙이나 과업, 공동의 취미가 있으면 에너지 낭비를 막고 아이의 성숙을 촉진시킨다.

심리학 거장 알프레드 아들러는 "아이에게 가족은 세계 그 자체다. 부모에게 사랑받지 못하면 아이는 살 수 없다. 부모의 사랑과 관심을 받기 위해 아이는 착한 아이, 우등생, 문제아가 되는 전략을 사용한다. 이 중 효과가 좋은 방법을 반복해 쓰게 되면서 아이의 성격이 형성된다."고 했다.

4차 산업혁명시대에는 상상력 창의력 배려 협동심 등이 중요해 전문가보다는 전인(全人)이 더 필요하다고 한다.

러시아 수학자 소피야 코발레프스카야는 유럽에서 여성최초로 대학교수가 됐는데 그녀는 시인이기도 하다. "수학은 최대한의 상상력을 요구하는 과학이다. 영혼의 시인이 되지 않고서는 수학자가 될 수 없다. 시인은 다른 사람들이 보지 못하는 것을 보아야 하며 다른 사람들보다 더 깊이 보아야 한다. 수학자도 마찬가지다"

앙리 파브르는 기하학을 사랑했던 학생이었으나 '곤충세계의 시인이자 예언자' '장수말벌과 거미에 관한 산문(散文)의 호머(Homeros)'라고 불렸다. 젊은 시절 사회학을 좋아했던 바실리 칸딘스키는 비구상적 그림을 그린 최초의 화가다.

이들은 개척자로 전문영역들 사이에 다리를 놓았으며 제각각 떨어져 있는 지식을 통합했다. 경험을 변형할 줄 알고 지식을 통합할 줄 아는 전인들만이 우리를 종합적인 앎의 세계, 풍요의 세상으로 이끈다.[149]

〈한국청소년의 부모자녀관계와 성취에 대한 종단연구〉라는 논문에 따르면 부모에게 죄송함을 느끼거나 부모를 존경할 경우 자녀들은 성취동기가 높아지고 학업성적도 좋아졌다.

가족이 여러 가지 취미생활을 같이하면 전인적 소양을 갖추는데 도움이 되는 것은 물론 부모자녀관계도 두루 좋아지는 건 당연하다.

93. 교육선진국 부모들은 어떻게 아이를 훈육하는지 공부하시나요?
① 안한다 ② 마음은 있는데 잘 안 된다 ③ 한다

인구 1천만 명, 100만 명 당 노벨상 수상자 3.5명, 교육에 대한 투자가 가장 높은 나라, 스스로 생각하는 능력을 길러주는 나라, 남을 존중하는 나라. 1류 국가 스웨덴이다. 스웨덴 부모는 아이가 잠들기 전에 책을 읽어준다. 아이는 부모의 책 읽는 소리를 들으며 정서적으로 안정되고 지식을 충전하며 성장한다.

다음 글은 스웨덴 사회아동권리협회의 포스터 문구다.

'비난받은 어린이는 비난을 배운다/맞고 자란 어린이는 싸움을 배운다/멸시당한 어린이는 소극적이 된다/격려 받은 어린이는 신뢰하는 법을 배운다/허용과 관용을 경험한 어린이는 인내를 배운다/칭찬받은 어린이는 감사하는 법을 배운다/공평을 경험한 어린이는 정의를 배운다/우정을 느낀 어린이는 친절을 배운다/평안함을 느낀 어린이는 타인을 신뢰하는 법을 배운다.'

스웨덴에서는 문제를 제시하고 스스로 해결하도록 지켜본다. 아이가 몇 등을 했고 누구를 이겼다는 것에는 전혀 관심 없다. 아이들이 싸우면 교사는 싸운 이유를 묻지 않고 사람을 때리는 행동이 좋은지 나쁜지를 묻는다. 그 과정에서 싸움에 대해 생각하고 용서에 이른다.

덴마크 출신 노르웨이 작가 악셀 산데모제가 1933년에 쓴 소설 〈도망자 그의 지난 발자취를 따라서 건너다〉에 나오는 '얀테'는 가상의 덴마크 마을로 잘난 사람이 대우받지 못하는 곳이다. 이 마을에서 살려면 지켜야하는 열 가지 원칙이 있는데 '보통사람의 법칙'이라 불리는 '얀테의 법칙'이다. 이 법칙은 교육선진국인 스칸디나비아반도 국가의 부모들이 자녀를 키울 때 가르치는 규범이다.

1. 당신이 특별한 사람이라고 생각하지 마라.
2. 다른 사람처럼 좋은 사람이라고 생각지 마라.
3. 다른 사람보다 더 똑똑하다고 생각지 마라.
4. 남들보다 더 낫다고 믿지 마라.
5. 더 많이 안다고 생각지 마라.
6. 더 중요하다고 생각지 마라.
7. 모든 것을 잘한다고 생각지 마라.
8. 다른 사람을 비웃지 마라.
9. 다른 사람들이 당신을 신경 쓴다고 생각지 마라.
10. 다른 사람을 가르칠 수 있다고 생각지 마라.[150]

교육의 목표는 이해, 감동, 상상에 있지 단순한 지식습득에 있지 않다. 아이는 창조적 사고의 결과물인 소설 시 실험 이론 그림 무용 등을 모방, 분석하면서 감각적이고 지적인 과정을 배운다.

예술에서 활용하는 상상의 도구들은 과학에서도 매우 중요하다. 자신의 분야 외에는 소통할 수 없는 전문가는 쓸모가 없다. 지식을 한 과목에만 고립시켜서는 안 된다. 아이는 화가이자 과학자, 음악가이자 수학자, 무용수이자 공학자로 생각할 수 있어야 한다. 풍부한 상상력이 우리를 빛나는 미래로 인도한다.

94. 아이가 친구들과 함께 꾸려가는 공부동아리가 있나요?
① 없다 ② 있으면 좋겠다 싶다 ③ 있다

부모는 멘토로서 촉매자, 컨설턴트, 연결자, 협력자의 역할을 해야 한다. 촉매자는 불씨역할이다. "어떻게 그런 생각을 하게 되었니? 왜 그런 일이 일어났다고 생각하니?" 아이의 탐구와 성찰을 촉진하고 아이는 자기가 하는 활동에 능동적으로 책임을 진다.

부모는 아이에게 다른 아이들을 연결시켜 공부동아리를 만들어주면 좋다. 아이는 여기서 자신의 관심을 좇아서, 자기들만의 아이디어를 탐구하고, 자기들만의 목소리를 낼 수 있다. 다른 아이들의 생각을 들으며 사고의 폭도 넓어지고 경청 인내 사회성 등도 배워나간다.

1960년대 초 이탈리아 북부 레지오 에밀리아에서 취학 전 아동교육의 획기적인 방법이 등장했다. 레지오접근법(Reggio Approach)으로 알려진 이 방법은 아이들을 지적호기심이 왕성하고, 재능이 많으며, 잠재력이 풍부하다고 여긴다. 커리큘럼은 아동중심으로 구성되고 교사들은 학생의 흥미에 따라 수업을 진행한다. 지금도 적절하다.

레지오접근법의 창시자 로리스 말라구찌의 시다.

'어린이는 백가지로 만들어져 있습니다./어린이는 백 가지의 언어, 백 가지의 생각, 백가지의 사랑하는 방법을 갖고 있습니다. 그렇지만 사람들이 아흔 아홉 개는 훔쳐가 버립니다./학교는 몸과 머리를 따로 떼어 놓습니다/사람들이 어린이에게 말하기를/기쁨은 느끼지 말고 이해만 하라/부활절이나 성탄절에만 사랑하고 감탄하라/이미 만들어져 있는 세상을 발견하라.

사람들이 어린이에게 말하기를/작업과 놀이, 현실과 환상, 과학과 상상, 논리와 꿈들은 같이 섞여질 수 없는 것들이라고~~(중략)

아이들의 학습동아리에서는 이런 폐단이 있을 수 없다. 누구의 간섭도 없이 자신들만의 목소리를 내며 스스로 공부를 주도해가니 집중력도 좋아진다. 사고력도 좋아지고 공부하는 방법도 깨우쳐 성적이 올라간다. 서로 의견을 교환하면서 배려 협동심 리더십을 배우고 경쟁심리도 작용할 수 있어 촉진제가 된다.

95. 부모님이 평상시 대화하면서 "그 사람 복 받았네." "그 사람 운 좋네."라는 말을 자주 하나요?

① 그런 것 같다 ② 가끔은 한다 ③ 안한다

좀 살아본 사람들은 운, 우연이 인생에 끼어든다는 것을 인정할 것이다. 그러나 자라나는 아이들이 그런 생각을 하는 것은 아니다 싶다. 부모님이 아이 앞에서 그런 말을 자주하면 아이가 운명론자가 되지 않을까?

어떤 사람에게 좋은 일이 생기면 "복 받았다."고 한다. 과연 복이 하늘에서 떨어지는 걸까? 복은 하늘이 아니라 주변 사람들이 준다. 나를 만나는 사람들이 내가 착하고 성실하게 살아가는 모습을 보면 나를 신뢰할 것이다. 그 신뢰가 바로 복의 출발점이다.

나에 대한 신뢰나 좋은 평가가 확산되면 나의 가치는 올라간다. 결국 복은 내가 만들어간다. 게으르고 불성실하다면 내게 힘든 일이 생길 때 사람들이 나를 도와줄까? "그렇게 살더니 당연하지"라며 외면한다.

삶의 경쟁력은 무엇일까? 착함과 성실함이다. 그 위에 배려 능력 전문지식 기술 정보 교양 예의 같은 것들이 축적돼야한다. 따뜻한 성품은 최강의 경쟁력이다. 불성실하고 게으른 사람이 이룰 수 있는 것은 아무것도 없다.

착함과 성실함을 갖추기 위해 뼈를 깎는 노력은 필요치 않다. 타고난 고운 성품을 더러움에 물들지 않도록 잘 지키면 된다. 비슷한 사람끼리 어울리는 것이 인간의 본성이다. 그러나 발전하려면 나보다 나은 사람, 긍정적이고 적극적이고 생산적인 사람들과 어울려야 한다. 부정적이고 소극적이고 퇴폐적인 사람들과 어울리면 반드시 그렇게 물들게 돼 내 인생도 망가진다.[151]

인성은 삶의 기둥이다. 경쟁은 자연의 섭리다. 건전한 경쟁은 삶을 살찌운다. 다만 인간은 이성과 사랑이 있는 만큼 승자가 패자를 배려하며 같이 살아가야 한다. 그래야만 승자의 승리도 보장되고, 패자의 아픔도 줄어들어 전체적 삶의 수준이 높아진다.

96. 부모님은 아이의 장단점, 개성 등을 정확히 파악하고 있나요?
① 잘 모르겠다 ② 알려고 노력중이다 ③ 잘 알고 있다

사람은 각자 개성이 있다. 아이의 타고난 성격을 고치겠다고 나서면 아이는 위축되고 자신을 부정적으로 보게 돼 자존감이 위축된다.[152]

2005년 한솔교육연구원 연구팀이 18개월 된 아이 400명을 모집해 5년

동안 발달상황을 측정한 결과 80%의 아이들이 처음에 가졌던 기질을 유지하고 있었다. 아이들의 기질은 18개월 이전부터 형성되어 있었다. 이 연구는 개인마다 특성과 차이가 있다는 점을 보여준다.

부모가 아이의 특질을 이해하고 이에 맞춰주면 아이가 안정적으로 성장할 수 있다. 아이의 자신감은 기질이나 성격과 관련 있지만 부모의 양육방식에 따라 더 좋은 쪽으로 강화할 수 있다. 부모가 기질의 긍정적인 면을 살려주는 양육태도를 가진다면 아이의 기질은 조화로운 성격으로 발전할 수 있다.

보통 재능이 뛰어난 사람들은 재능을 믿고 노력을 덜 할 수 있다. 재능이 뛰어나면 얼마나 뛰어나겠는가? 노력하는 것이 재능이다. 탁월성에 도달하는 지름길은 없다. 열정을 지속하는 것이 중요하다.

위인과 일반인의 차이점은 무엇일까? 위인은 하루하루의 삶 대신 미래의 삶을 적극적으로 준비하며 확고한 목표를 향해 노력한다. 위인은 단순한 변덕으로 과제를 포기하지 않으며, 하는 일이 지겹다고 다른 일이나 변화를 찾지 않는다. 위인은 의지력과 인내심이 강해 한번 결정한 사항을 장애물 때문에 포기하지 않고 밀고나간다. 바로 열정과 끈기, 집요함과 완강함이 보통사람보다 강하다.[153]

1926년 스탠퍼드대 심리학자 캐서린 콕스는 역사적으로 큰 업적을 남긴 위인 301명의 전기를 연구한 결과 '지능보다도 끈기가 성공에 더 중요하다'고 발표했다.

아이의 지능은 변한다. 유치원의 영재선발 중 73%가 잘못됐다. 영재판명은 적어도 11살 이후에 해야 한다. 취학 전 아동의 지능검사와 이후의 성취도 검사는 겨우 40%의 상관관계를 보였다.[154] 아이의 재능만을 믿지 말고 개성과 장단점을 잘 파악해 끈기와 열정을 키우는 방향으로 노력해보자.

두뇌 안에서는 뇌세포끼리 경쟁한다. 사용하지 않는 세포는 삭제된다. 살아남은 세포는 자주 사용할수록 하얀 지방질 조직층(미엘린)으로 덮여가면서 기하급수적으로 정보 전달속도를 높인다. 뇌의 일부 영역은 1년 동안 신경조직의 50%가 바뀐다. 지능도 크게 발달할 수 있다. 고등수준의 추론을 위해 반드시 필요한 전두엽피질은 9~12세를 넘어야 발달한다. 공부를 초등학교 3~4학년 이후부터 시켜야 하는 이유다.

비관적이고 불만 많은 성인이 되는 이유 중 하나는 달성하기 어려운 목표를 설정하는 것이다. 십대의 목표는 그들에게 일어날 일, 그들이 살게 될 장소, 그들의 전반적 인생만족도에 큰 영향을 미친다. 합리적 목표를 정해 무리하지 않고 지속적으로 순항해야 한다.

성공적인 삶을 위해 강점을 살려야 한다. 어떤 행동을 반복해서, 만족해하며, 성공적으로 수행할 수 있어야 강점이다. 재능, 강점을 어떻게 알아낼 수 있을까? 하나의 활동을 시작해 얼마나 빨리 그것을 습득하고, 얼마나 빨리 학습단계를 뛰어넘었으며, 일을 하면서 배우지도 않은 새로운 방식과 변화를 추가한 것이 얼마나 되는 지 생각해보라. 그렇다면 재능이 있는 것이다.

'행복은 성적순이 아니다.'(A) 이 말은 학교성적이 행복을 보장하지는 않기에 맞는 말이다. 우수한 학교성적이 행복한 삶의 보증수표는 아니기 때문이다. 인생을 살아가는 길은 다양하므로 학교성적이 나빴던 학생이 좋았던 학생보다 더 잘 사는 경우는 허다하다. 그런 차원에서 '행복은 성적순이 아니다.'

그러나 이 말(A)은 인생 전체를 관장하는 진리나 진화에 정면으로 어긋나는 거짓이다. 삶의 진리나 생명진화의 역사에 따르면 행복은 성적순이다. 학교성적이 나빴던 사람이 좋았던 사람보다 나중에 더 잘 사는 것은 그 뒤로 더욱 노력했기 때문이다. 우리의 삶은 노력에 의해 전진했다. 생명체의 진화 역시 노력의 결과다.

학교성적이 좋은 것은 열심히 노력한 결과다. 그래서 노력이라는 관점에서 보면 (A)는 틀린 말이다. 행복은 대부분 노력한 결과 즉 성적순이기 때문이다. 물론 인생에 자주 끼어드는 운과 우연까지 어피할 수는 없지만 말이다.

특히 노력보다 선택이 더 중요할 때도 많다. 제대로 선택하지 못하면 아무리 노력해도 헛수고다. 그러나 선택보다 앞서는 것이 노력이다. 노력은 인내 결심 추진력 체력 자제력 등 여러 가지 덕목을 필요로 한다. 이런 덕목들이 바로 인생의 행불행을 좌우하는 핵심요소들 아니던가!

그렇다면 학교성적이 우수한 학생들이 더 행복해 질 수 있는 조건들을 갖추게 되는 셈이다. 사냥하는 사자가 게으른 사자보다 배불리 먹고, 화려한 꽃에 벌과 나비가 많이 꼬이는 것과 같다. 꽃들도 노력한다. 공부를 많이 하면 정보력, 상황판단력, 인내심, 상상력, 창의력이 좋아진다. 그러니 졸업 뒤에도 그 같은 좋은 자질이 삶에 도움이 된다.

'행복은 성적순'이라는 주장은 인생을 헛되이 낭비하지 말라는 부모의 간절한 조언이다. 사랑하는 자식에게 전하는 부모의 뒤늦은 깨달음이자 지혜다.

97. 아이를 오냐오냐 키우시나요?

① 그렇다 ② 그런 면이 있다 ③ 아니다

사춘기 반항의 원인 중 하나는 규칙, 기준의 부재다. 아이가 무슨 일을 하던 부모가 "오냐 오냐" 다 받아주는 것이다. 아이는 규칙이 없으면 부모님이 자신을 좋아하지 않고 무관심하기 때문이라고 생각한다. '방목(放牧)' 하면 안 되는 이유다.

청소년의 두뇌는 평범한 수준의 보상이나 자극에 대해서는 반응하지 않는다. 그래서 쉽게 지루해하며 술 담배 게임 약물을 하거나 위험한 일에 도전한다.

행동을 반복하면 습관이 된다. 난폭한 청소년이 자동적으로 폭력적인 어른이 되는 것은 아니지만 그렇게 될 가능성이 상당히 높다. 그러면 폭력적인 청소년이 반듯한 어른으로 성장하는 경우는 왜인가? 환경변화 때문이다. 살고 있는 장소나 사회적 환경이 완전히 바뀌면그렇게 될 수 있다. 더 좋은 교육을 제공하거나, 새로운 학교에서 새 친구들을 만나거나, 특히 이성친구들과 어울리면 변할 수 있다.

성격은 일생에 걸쳐 변한다. 뇌는 효과나 이득을 얻을 것인지를 계산해 얻는다는 결론이 나면 그 행동을 되풀이한다. 반면 효과나 이득이 없으면 그 행동을 멈춘다. 뇌가 변한다는 것은 인간이 예측 불가능한 존재이자 가능성과 잠재력이 있다는 뜻이며 불행이 행복으로 바뀔 수 있다는 뜻이기도 하다. 따라서 오냐오냐 키우기를 멈추고 제대로 훈육하면 아이는 바른 길로 간다.

비슷한 사람들끼리 일을 하면 뇌를 속여 자기만족 상태에 빠지고, 성과를 낮추고, 몰입과 혁신의 기회를 잃어버릴 수 있다. 뇌는 우리 자신이 하는 행동과 우리가 목격하는 타인의 행동을 거의 구분하지 않고 비슷하게 반응한다. '까마귀 노는 곳에 백로야 가지마라'고 하는 이유다.

아이가 변화와 발전이 없을 때는 다른 부류의 사람을 만나게 하거나, 여행을 보내거나, 환경을 바꾸어보자. 재능은 타고나기도 하지만 환경 노력 등에 의해 만들어지기도 한다. 못난 사람은 없다. 부모나 환경이 못난 사람을 만들 뿐이다.

인간의 뇌는 보수적, 부정적으로 진화했다. 모르는 적과 친구를 구별해야하는 원시자연에서는 나의 목숨을 노리는 적이 훨씬 많았기 때문이다. 학습은 새로운 신경회로를 만드는 작업이다. 뇌는 오랫동안 부정적으로 판단해왔기 때문에 모르는 걸 배우는 학습에 대해서도 부정적이다.

뇌는 또 부정적인 결과가 나올 가능성이 있는 상황을 피한다. 뇌는 예상되는 성공보다는 예상되는 실패를 더 피하려하기 때문에 새로운 시도를 하지 않으려 한다.[155] 친구를 폭넓게 사귀는 것은 새로운 시도이기에 노력이 필요하지만 공부와 삶에 두루 도움이 된다.

'나는 내가 생각했던 것보다 더 크고 더 나은 인간이다. 내게 그렇게 많은 장점이 있는지 미처 알지 못했다.'(월트 휘트먼)

99. 혹 가족끼리 '입장 바꿔 생각하기' 나 '역할극' 같은 걸 해본 적이 있나요?

① 생각조차 안했다 ② 한두 번은 해봤다 ③ 자주 하려고 노력한다

아이가 사랑받지 못한다고 느끼거나, 무능력하다고 느끼거나, 끊임없이 죄책감에 빠지거나, 부모에게 통제받는다고 느끼면 어떻게 될까? 자신이 사랑과 인정을 받아 마땅하다는 점을 증명하려고 쉬지 않고 애쓰면서 힘을 소진한다. 자신의 중요성을 입증하고 싶어 폭력, 반항으로 나가기도 한다.

지속적인 불안상태는 아이가 생각하고 배우고 관계 맺고 성장하는 능력을 손상시킨다. 아이는 부모님이 자신을 소중히 여기며, 자신의 감정을 받아준다고 믿어야 잘 성장할 수 있다. 아이의 감정과 선택을 부정하고 심판하는 것은 아이를 불안에 떨게 만든다.[156] 자신감 자존감이 부족한 아이들은 지나치게 예의바르고 순종적이며 협조적이다.

'입장 바꿔 생각하기'가 가장 필요한 곳이 부모자식간이다. 웃음꽃이 피는 역할극도 한번쯤 해보자. 남들은 이해하려고 하면서 왜 내 자식은 이해하려 하지 않는가? 부모가 아이의 생각을 들어보고 아이의 입장이 돼보려고 노력하면 아이는 '아, 부모님이 나를 인정하시는구나.'하고 마음을 연다. 그러면 아이는 자신의 문제를 인정하고 마음의 평화를 얻고, 부모님과 함께 개선점을 찾고자한다. 또 아이도 부모님의 입장이 돼서 생각해보면 그 고충과 어려움을 짐작할 것이다.

아이가 가족을 통해 자신의 가치를 인정받으면 모험을 시도하고 능력을 개발하는 힘을 얻는다. 공동의 취미가 있고, 의사소통이 잘되고, 신뢰가 바탕이 되는 가정에서 자란 아이가 더 행복해진다.

부모님은 아이에게 따뜻하고 진지하게 물어보시라. "네가 가장 중요하

게 생각하는 게 무엇이니?" "삶을 마감할 때 어떤 사람이 되고 싶니?" 이런 질문과 준비를 통해 아이는 실력을 쌓는다.

100. 아이가 공부를 죽어라고 싫어하나요? 즐겁게 하나요?
① 정말 싫어한다 ② 그저 그런대로 하려고 한다 ③ 즐겁게 하는 것 같다

공부든 일이든 재미있어야 오래한다. 독서할 때 '작가는 왜 이렇게 썼을까? 해답은 없나? 사회에 도움이 될까?' 등등의 질문을 하면 흥미가 생길 수 있다.[157] 공부는 불가사의를 찾아가는 여행이기에 성취의 기쁨을 선물한다. 살아가는 힘과 인간적 매력을 선사한다. 배우지 않으면 독단에 빠지기 쉽다.

인생은 자신에 대한 도전이며, 공부는 이전에는 하지 못했던 일을 할 수 있도록 해준다. 스스로 다짐하자. "나는 열심히 배운다. 결과가 안 좋으면 개선하면 된다. 못 한다고 상심할 것 없다. 나는 목표를 잡고 그길로 간다."[158]

낙관적인 자기대화를 계속하면 뇌가 변한다. "나는 할 수 있어. 나는 성공할거야. 나는 잘할 거야." 다짐이 현실이 된다. 공부하며 느끼는 지적흥분은 최고의 행복감 중 하나다. 독서하며 가슴이 뛰고 눈물이 글썽거리는 경험을 해보자. 공부로 지식이 축적되면 작은 발견으로도 놀라는 지적감동을 자주 경험할 수 있다. 상상력의 날개가 생겨 언제 어디서든 어디로든 날아갈 수 있다.

내가 선택하고 그 선택에 책임을 져야 나의 인생이다. 종속적인 삶이 아닌 주도적인 삶을 살아야 사는 것이다. '나는 지금의 나로부터 출발해 세계

최고의 요리사가 될 것이다. 세계최고가 되기 위한 그 치열한 노력의 과정을 당당하게 즐길 것이다.' 즐겁게 공부해보자.

101. 아이와 충동적 행동이나 습관에 대해 대화해보셨나요?
① 아니다 ② 가끔 해봤다 ③ 좋은 습관을 위해 노력한다

아이가 술 담배 약물을 하고 게임중독에 빠지는 원인은 스트레스, 호기심, 권위에 대한 저항, 불안과 고독, 의타심 등이다.

아이에게 술을 마시면 좋은 점과 싫은 점, 술이 미치는 영향 등에 대해 물어보자. 음주 후 위험행동이나 최악의 경우를 상상하게 하자. 음주 흡연 게임중독과 장래 목적 간의 불일치가 이것들을 끊는 동기가 될 수 있다. 아이가 운동실력이나 성적이 좋아지길 바란다면 "만약 술을 줄이면 어떻게 될까?" "여자들은 담배냄새를 싫어한다는 걸 아니?"라고 질문하자.[159]

훈육과 배움이 없는 환경에서 성장하면 본능과 충동에 따를 수밖에 없다. 짐승이 본능과 충동에 따른다. 유전자 속에 나쁜 짓을 하라는 프로그램은 없다. 사람을 망치는 것은 어릴 때 경험, 특히 부정적인 경험이다.[160] 성격은 마음 밑바탕에 깔려있는 분노나 만족감 같은 감정을 기반으로 형성된다. 분노를 계속 억압하면 공격성, 불안, 고혈압, 소화불량, 편두통에 걸린다. 강압적인 분위기, 부모와 대화가 부족한 환경에서 성장하면 분노가 쌓인다.

일상생활의 행동 중에 습관적 행동이 45%에 이른다. 좋은 습관을 들이기 위해서는 신호, 일상화, 보상이 필요하다. 독서를 습관화하려면 밥을 먹고 양치질하면 책을 읽는다는 신호를 하나로 묶으면 좋다. 독서를 했으면

"진아 참 잘했어. 너는 할 수 있어"라고 스스로 자신에게 칭찬하거나 아니면 참았던 케이크를 한 조각 먹는다.

게임을 끊고 싶으면 파란 하늘을 보거나 맛있는 음식을 먹으라. 아니면 손목에 찬 고무줄을 튕겨서 고통을 주는 것도 좋다. 그러면서 중독에서 서서히 빠져나올 수 있다.

알콜 중독자가 술을 마시는 것이 본인의 선택인가? 그는 마시지 않을 수 없어서 마신다. 술의 노예다. 담배, 게임도 마찬가지다. 자유는 선택의 문제가 아니라 능력의 문제다. 자유는 지키는 게 아니라 만드는 것이다.[161]

중독 여부를 어떻게 구분할까? 게임을 하지 않으면 불안하고 공부도 안되고 신경질이 나는가? 그러면 게임의 노예, 중독이다. 중독은 다른 것을 누릴 자유까지 빼앗는다.

102. 아이가 세상을 포기한 듯 무기력하게 살아가나요? 어떤 일이든 열심히 하나요?
① 무기력하다   ② 오락가락한다   ③ 열심히 한다

극복할 수 없는 부정적인 상황이 지속되면 '어떤 노력도 결과를 바꿀 수 없다'는 무력감에 빠지기 쉬운데 이를 '학습된 무기력'이라고 한다. 입시에서 계속 떨어지면서도 돌파구를 찾지 않고, 가정폭력 피해자들이 폭력을 참아내는 것이 바로 학습된 무기력 때문이다.

포기하는 사람들은 자신의 불행에 대해 "내 탓이야" "어찌해도 소용없을 거야"라고 말한다. 이런 식의 사고방식은 아동기~청소년기에 학습된다. 자기를 개선하고자 노력하는 사람은 실제로 자기를 개선시킨다. 생각을 바꾸

는 것이다. 변화가 불가능하다고 믿는 사람은 정말로 변하지 못한다.[162]

우리는 노년을 생각하면 노인처럼 행동하는 경향을 보이고 그렇게 행동하면 노년에 대한 생각이 다시 강화된다. 이를 관념운동효과라 한다.[163] 아이들에게 꿈을 심어주거나, 성공에 대한 목표의식을 심어주거나, 장래 성공한 자신의 모습을 심어주면 아이는 거기에 걸맞게 행동한다.

누구는 복이 따라다니는데 누구는 지지리 운이 없을까? 다 이유가 있다. 기적은 작은 곳에서 시작된다. 운 좋은 사람들은 자신의 삶을 스스로 결정하고 만들어나간다. '나에게도 기회가 올 거야.'라는 확신을 갖고 적극적으로 기회를 만들어나간다. 기회가 오지 않아도 포기하지 않는다. 결국 운도 노력해야 잡는다.[164]

나의 가슴을 뛰게 하는 일을 찾아 그 일을 하라. 가슴이 뛴다는 것은 신의 메시지가 육체를 통해 번역되어 나에게 전해진 것이다. 가슴이 뛸 때 행동으로 옮기느냐 마느냐는 나에게 달렸다. 우주는 전 에너지를 동원해 내가 생각하는 바를 실현시켜 준다.[165]

간절하면 우주가 도와준다. 우주는 나의 꿈이 간절한 지, 그 간절함을 이루기 위해 얼마나 노력하는 지 지켜보고 있다. 임계점은 어떤 물질의 구조와 성질이 다른 것으로 바뀌는 지점인데 나의 노력이 임계점에 도달하면 드디어 우주가 나서서 나의 꿈이 이뤄지도록 도와준다.

꿈의 크기보다 더 중요한 것은 '실천'이다. 실천이라는 작은 발자국이 이어질 때 우리는 위대한 결과를 얻을 수 있다. 기회는 준비된 사람에게 온다. 임계점을 넘는 노력을 할 때 우주가 주는 선물이 기회다. 노력하지 않으면 기회가 와도 잡을 수 없고, 게으르면 기회가 오는 줄도 모른다.

아직 기회가 안 왔다고, 사람들이 나를 알아봐주지 않는다고 화날 때가 있다. 겸손하게 더 노력하자. 하늘 높이 나는 날을 상상하며 견디기 힘든 날들을 쌓아나가자. 아이 때는 땀만 흘리면 되지만 이 시기를 놓치면 피땀을 흘려야 한다. 한 살이라도 어릴 때 시도하고 노력해야 하는 이유다. 땀 흘리지 않고 얻은 것은 언젠가는 갚아야 할 빚이다.[166)

아기들은 걸음마를 시작할 때 수 없이 넘어지면서도 싫은 표정 하나 없이 될 때까지 일어서다 마침내 걷는다. 부모도 즐거운 마음으로 동참한다. 그런데 시간이 지나고 아이들이 좀 더 크면 부모님이 다른 반응을 보인다는 걸 아이는 눈치 챈다. 부모는 아이가 실수하거나 실패하면 인상을 찌푸리곤 한다. 자녀에게 무엇을 잘못했는지 지적하는 것이다.

그래서 어떤 가르침을 주는가? 부끄러움, 두려움, 수치심을 줄 뿐이다. 아이는 '실패는 나쁜 거구나.'라는 마음을 갖게 된다. 그러면 아이는 실패로부터 자신을 보호하기 위해 모험을 피하고 최선을 다하지 않는다.[167)

8부

▲ △ ▲

#공부는 왜 하나?

공부하기 좋아하는 사람은 별로 없겠으나 공부삼매(工夫三昧)를 느껴본 사람도 많다. 모르는 것을 알아가는 재미, 풀 수 없었던 문제를 푸는 재미 등 공부는 즐거움, 자부심을 선사한다.

그러나 무엇보다도 공부는 나의 일생이 걸린 문제다. 특히 가난에서 벗어날 수 있는 가장 쉬운 길이 공부다. 돈 권력을 차지하는 건 열심히 공부하는 것보다 훨씬 더 어렵다. 금수저로 태어난 아이들은 공부를 못해도 부모의 유산으로 그냥저냥 살아갈 수 있다.

그러나 흙수저로 태어난 아이들이 공부를 안 하면 탈출이 힘들다. 예체능에 재능이 있다고 치자. 흙수저로 태어났다면 아무리 재능이 있어도 우리나라의 교육체제하에서는 힘들다. 예체능을 하려면 엄청난 돈이 들기 때문이다.

아이가 연예인이 되겠다고 한다. 요즘은 연예인도 돈이 없으면 유명해지기 힘들다. 설사 연예인이 됐다고 치자. 한때 반짝하다 사라진 별들이 얼마나 많은가? 그림, 로봇만들기, 축구에 재능이 있으면 그것만 잘하면 먹고 살 수 있고 이름을 날릴 수 있어야 하는데 우리나라에서는 힘겹다.

돈이 있어도 문제다. 그림을 잘 그리는 아이가 대학에 가려면 공부도 어지간히 해야 한다. 우리나라에서는 그림만 잘 그리는 천재는 갈 곳이 없다. '천재화가'의 재능을 보이는 학생이 다른 학과공부를 못하면 '천재화가'는커녕 오히려 '그림 잘 그리는 바보'로 만드는 것이 우리의 교육현실이다.

생각해보라. 공부는 돈이 없어도 된다. 시간은 청소년들 누구에게나 공평하게 주어졌다. 공부에는 재능도 필요 없다. 오로지 하고자 하는 의욕, 동기, 꿈만 있으면 된다.

공부는 여전히 가장 확실한 투자다. 공부를 잘하면 여러 가지 길이 열린다.

여기서 말하는 공부는 꼭 학교공부만을 말하는 것은 아니다. 요리에 재능이 있는 아이는 요식업계에서 성공할 수 있다. 그 아이도 요리공부를 잘하면 더 넓은 길이 열린다. 외국의 유명요리학교에서 장학금 줄 테니 공부하러 오라고 한다.

운명의 여신은 젊은이들을 사랑한다. 젊은이들은 덜 신중하고 더 거칠고 더 과감하다. 내가 운명에 굴복하지 않으면 결국 운명이 나에게 굴복한다. 운명의 여신은 강한 사람을 좋아한다.

독일의 철학자 프리드리히 니체는 "생존의 가장 큰 즐거움을 얻는 비결은 위험하게 사는 것이다. 그대들의 거리를 베수비오산(이탈리아의 활화산) 중턱에다 구축하라. 그대들의 배를 미지의 대양으로 띄워 보내라. 그대들 자신과 싸우며 살라. 암사슴처럼 숲속에 숨어사는 시절은 금방 지나가 버린다."고 했다.

> ## 103. 우리 아이들은 4차 산업혁명시대의 소용돌이 속에서 살아야합니다. 그에 대비해 무슨 공부를 어떻게 해야 할지 아이와 대화를 나누곤 하나요?
>
> ① 생각조차 안한다 ② 어쩌다 한다 ③ 긴밀하게 대화한다

월스트리트저널이 318개 미국 기업의 CEO를 대상으로 조사한 결과 93%의 CEO가 지원자의 대학전공보다는 비판적 사고력, 의사소통과 문제해결능력, 책임감과 도전정신을 지닌 사람들을 채용했다.

또 다른 조사에 따르면 기업들은 재무 회계 생산력 등 하드스킬(hard skill)보다 의사소통 협상 협동력 창의력 등 소프트 스킬(soft skil)을 갖춘 인재를 찾는다. 하드스킬은 배우면 되지만 소프트스킬은 오랜 기간 계발이 필요하다.

월스트리트저널에 따르면 '대학졸업생들이 회사에 꼭 필요한 능력을 갖추고 있다'고 여기는 CEO는 44%에 불과하다. 졸업생들은 회사 내에서 의사소통, 협업에 문제가 있고 문제를 다양한 각도에서 바라보지 못한다.

주입식으로 입력된 지식은 앞으로 살아가는데 오히려 장애물이 될 수도 있다. 면역학연구로 노벨상을 받은 샤를 니콜은 "새로운 사실의 발견, 전진과 도약, 무지의 정복은 이성이 아니라 상상력과 직관이 하는 일."이라고 했다. 수학자들이 수식 안에서만, 작가들이 단어 안에서만, 음악가들이 음표 안에서만 생각한다면 큰 문제다.[168]

학교에서는 필요한 재료의 절반만으로 요리를 하고 학생들은 절반만 배운다. 이는 창조적 사고과정을 생략한다. 통찰은 상상 속의 느낌, 감정, 이미지 속에서 태어난다. 아이는 창조적 상상력의 기반인 느낌 감정 직관의 사용법을 배워야 한다. 폭넓게 독서하고 깊게 토론하자. 다양하게 경험하

고 여행하자. 전시회 음악회에 가고 친구들과 놀고 운동하자.

104. 4차 산업혁명시대에는 상상력과 창의력이 가장 중요합니다. 아이와 이에 대해 대화를 하나요?
① 안한다   ② 생각은 해봤다   ③ 대화한다

관련 없는 것 사이의 관계를 알아보고 이를 연결하는 것이 창의력이다. 창의력에는 실패의 위험, 상식을 깨야하는 위험, 이단아가 되는 위험을 감수하고 모험을 할 용기가 필요하다. '얼마나 똑똑한가.'보다는 '어떤 면에서 똑똑한가?'가 더 중요하다.[169)]

창의성은 어떤 일에 전념할 때 툭 튀어나온다. 나의 가슴을 뛰게 하는 일을 찾고, 그 분야의 여러 창작물들을 통해 지식과 경험을 쌓아야한다. 쉽게 떠오르는 답을 거부하자. 우리는 습관적으로 생각하고 행동한다. 뭔가를 쉽게 얻지 못한다고 바로 포기하면 안 된다. 세상을 바꾸는 혁신은 느리게 이루어진다.[170)]

우리는 예전에 누군가가 꿈꾸었던 것의 결과 속에서, 누군가의 몽상의 산물(産物) 속에서 살고 있다. 세상은 꿈으로 만들어졌다. 영국작가 조지 버나드 쇼는 "사람들은 어떤 대상을 보고 '왜 이것이 있지?'라고 묻는다. 그러나 존재한 적이 없는 무언가를 머릿속에 그리고는 '왜 이것이 없지?'라고 물어야 한다."고 했다.

창의력 전문가인 영국의 로드 주드킨스 교수는 "통제와 예측가능성은 창의력의 적이다. 의심스럽고 불확실하며 불안정한 세계에 마음의 문을 열

라. 질문하라. 남들과 다르다는 것에 자부심을 가져라. 독특함은 장점이다. 독창적인 사람은 관행을 기계적으로 따르지 않는다."고 했다.

미국의 조직심리학자 애덤 그랜트는 "집단사고는 독창성의 적이다. 조직문화에 적합한 사람이 아니라 조직문화를 풍성하게 하는 사람이 좋은 사람이다. 사려 깊게 원칙을 비판해야 한다."고 했다.

창의력은 타고나기보다는 배울 수 있는 기술이다. 끈질긴 사람이 창조한다. 피카소는 유화 1,800점, 조각 1,200점, 도자기 2,800점, 드로잉 1만 1천점을 창작했으나 일부만 찬사를 받았다. 모차르트는 600곡, 베토벤은 650곡, 바흐는 1천곡을 작곡했다. 아인슈타인은 248편의 논문을 냈다. 에디슨은 특허가 1,093개다. 이 많은 작품들 중에서 극히 일부만 빛을 봤다.

미국의 SF소설가 레이 브래드버리는 매주 한 편씩 단편소설을 썼다. 그는 10년간 520편의 단편을 완성한 뒤에야 훌륭한 한 편의 소설을 출판하는데 성공했다. 우리나라에는 〈화성연대기〉〈화씨451〉〈민들레와인〉〈일러스트레이티드맨〉 등이 출판됐다.

창의적인 사람들은 장소나 기분에 무관하게 일을 한다. 프랑스작가 장주네는 교도소에서 몇 편의 소설을 썼다. 종이를 구할 수 없어 마대자루용 천에 글을 써서 외부로 밀반출하는 식으로 썼다.[171]

결문

부모의 잔소리

　아이들은 부모님의 말씀을 잔소리로 생각하고 듣기 싫어하지만 부모는 피가 시키는 일이라 걱정하지 않을 수 없습니다. 부모가 자녀에게 하는 말은 대부분 옳은 말일 겁니다. 부모는 자녀에게 하는 잔소리대로 꼭 그렇게 모범적으로 살아온 것은 아닙니다. 때로 실수나 잘못을 저지르며 후회하며 살아왔습니다. 다만 성실하고 정직하게, 정의롭게 살려고 노력했으며, 지금도 노력하고 있습니다. 그것이 보통의 삶입니다.

　부모의 잔소리는 살아오면서 터득한 지혜이기에 자녀들의 장래에 조금은 도움이 될 겁니다. 부모는 지금도 지혜롭지 못한 행동에 후회할 때가 있겠으나 자녀가 가야할 길을 먼저 걸어본 인생의 선배로서 그 경험을 들려주려합니다.

　부모의 잔소리는 자녀가 앞으로 살아가는데 꼭 필요한 기본적인 소양과 교양, 타인에 대한 배려를 심어주기 위한 것입니다. 또 자녀가 삶을 대하는 기본적 성실성, 노력한 만큼 살 수 있는 인생의 공정성을 전하고자합니다.

　부모는 아이가 마음껏 능력을 발휘하며 자부심과 자존감, 성취감과 행복감을 느끼길 간절히 바랍니다. 이 세상은 참 아름답습니다! 가볼만한 곳도 많고, 하고 싶은 일은 또 얼마나 많습니까! 부모가 후원할 때 실력을 키우지 않으면 나중에 고생한다는 걸 부모는 압니다.

부모의 잔소리에는 인생을 먼저 살아온, 먼 조상으로부터 내려온 삶의 지혜가 녹아있습니다. 우리 아이도 어른이 돼서 아이를 낳으면 부모님과 똑같은 잔소리를 반드시 하게 될 겁니다.

네안데르탈인이 던지는 교훈

인간은 빙하, 지구대폭발, 거대운석의 지구충돌 등 혹독한 환경변화를 극복하고 진화해온 지구 최강의 생명체입니다. 진화는 생존본능과 경쟁에 따른 자연의 섭리이기에 사람 또한 스스로 성장, 발전하려는 본능을 타고 났습니다.

지구생명체는 환경의 산물, 환경의 종속변수였습니다. 그런데 종속변수인 생명체가 때로는 역으로 환경에 변화를 가져오고 그 변화에 의해 스스로 도약했다는 점이 놀랍습니다. 미세한 바다 생명체가 공기 중에 산소를 내보내 육지로 올라올 수 있는 터전을 마련한 것이 한 가지 사례입니다. 무기물에서 유기물, 유기물에서 박테리아, 박테리아에서 물고기, 물고기에서 인간에 이르기까지 경이로운 진화의 역사는 환경과 생명체의 상호작용이 있었기에 가능했던 것입니다.

우리 몸에는 그런 생명의 역사가 들어있습니다. 생존 성장 발전욕구를 가진 유전자가 내장돼 있습니다. 아이는 스스로 성장하고 발전하려 합니다. 부모는 그런 자연의 섭리를 억누르거나 왜곡하지만 않으면 됩니다.

부모는 아이의 입장에서 볼 때 가장 중요한 환경입니다. 그 환경이 아이의 성장본능을 비틀지만 않으면 되는 것이 교육의 본질입니다. 또 억압과 마찬가지의 결과를 초래하는 방치도 안 됩니다. 억압과 방치 사이의 적절한 보살핌이 필요합니다.

▲

자녀의 생명본능이 제대로 꽃을 피울 수 있는 환경만 만들어주면 됩니다. 많은 부모들이 사는데 바빠서 그런 환경을 만들어주는 방법을 잘 모르거나 알아도 못합니다. 그러나 부모의 몸속에는 아이를 키우는 노하우도 이미 내장돼 있습니다. 조금만 배우고 조금만 신경 쓰면 우리 아이들을 잘 키울 수 있습니다.

지구상에서 유년기가 가장 긴 동물은 사람입니다. 앞으로 성인이 돼서 사회에서 살아가는 방법을 가르치고 배우는 기간입니다. 얼룩말은 태어나자마자 포식자가 우글거리는 초원 위를 어미를 따라 걷습니다. 쉽게 먹잇감이 되곤 합니다.

사람은 다를까요? 인간에게는 '경쟁'이 초원입니다. 그 경쟁에서 살아남으려면 수렵시대의 선조들이 힘을 모아 사냥했듯이 혼자 힘으로는 안 됩니다. 타인을 경쟁상대로만 봐서는 생존할 수 없습니다. 현대인간의 뇌는 수렵시대 선조의 뇌와 똑같습니다. 다른 사람들과 화합 협력 공조해야만 합니다.

동물들은 보통 눈에 흰자위가 보이지 않습니다. 흰자위가 있으면 눈이 어디를 보고 있는지를 상대가 알 수 있습니다. 그러면 싸움에서 불리합니다. 그러나 포식자를 상대했던 인간들은 협력하기 위해 흰자위가 보입니다. '나는 널 보고 있다'는 것을 상대에게 알려줍니다. 눈을 통해 협력과 사랑이 오고갔습니다. 남과 협력해야만 생존력도 강해지고 성장, 발전할 수 있습니다.

지구상에는 멸종한 인류가 20여종이나 됩니다. 현생 인류인 호모사피엔스와 마지막으로 같이 살았던 유럽의 네안데르탈인들은 왜 사라졌고 호모사피엔스만 살아남았을까요? 두 인종의 차이점은 언어에 있었습니다. 네안데르탈인은 구강구조상 풍부한 언어를 가질 수 없었습니다. 현생 인류는 풍부한 언어덕분에 먹잇감이 어디 있는지, 어떻게 사냥하는지를 서로에게 알려주었고 협동해서 추위와 배고픔, 호랑이 같은 공동의 적에 대항했습니다.

이런 소통과 협력을 바탕으로 생존과 번영을 위한 문명과 문화를 구축해나갔습니다. 결국 언어가 네안데르탈인과 현생인류의 멸종과 생존을 가른 것입니다. 언어 즉 독서가 생사의 갈림길을 알려주는 이정표인 것입니다. 독서는 아이의 좋은 성적은 물론 인생 전체를 좌우하는 뿌리입니다.

부모님이 자녀의 본보기가 되면 교육은 100% 된 것입니다. 본보기는 어릴 때만 하면 됩니다. 공부는 습관이 되면 그걸로 끝인데 그 습관은 초교 저학년 때 형성돼야 합니다. 부모는 아이가 태어나서 10여년 정도만 고생하면 됩니다. 너무 애태우고 조바심 내는 게 문제입니다. 조금 여유를 갖고 지켜보시지요.

미주

• 1부

1) 수잔 포워드 <독이 되는 부모가 되지마라/김형섭(푸른육아2008)>

2) 줄리 리스콧-헤임스 <헬리콥터부모가 자녀를 망친다/홍수원(두레2017)>

3) 나오미 알도트 <믿는 만큼 성장하는 아이/이영(북로그컴퍼니2011)>

4) 이안 로버트슨 <승자의 뇌/이경식(RHK2013)>

5) 미셸 보봐 <셀카에 빠진 아이 왜 위험한가?/안진희(보물창고2018)>

6) 프레데리케 파브리티우스, 한스 하게만 <뇌를 읽다/박단비(빈티지하우스 2018)>

7) 다니엘 핑크<새로운 미래가 온다/김명철(한국경제신문사2010)>

8) 닐스 비르바우머, 외르크 치틀라우 <뇌는 탄력적이다/오공훈(메디치미디어 2015)>

9) 하임 기너트 <부모와 아이사이/신홍민(양철북2016)>

10) 하야시 나리유키 <공부두뇌를 키우는 결정적 순간/김정연 (테이크원 2012)>

11) 포 브론슨, 애쉴리 메리먼 <양육쇼크/이주혜(물푸레2010)>

12) 질 스탬 <0~3세 두뇌육아/김세영(아침나무2011)>

13) 대니얼 길버트 <행복에 걸려 비틀거리다/서은국 최인철 김미정(김영사 2016)>

14) 켄베인 <미국최고의 교수들은 어떻게 가르치는가/안진환 허형은(뜨인돌 2006)>

15) 이무석 <나를 사랑하게 하는 자존감(비전과 리더십2009)>

16) 숀 아처 <행복의 특권/박세연(청림출판2013)>

17) 나오미 알도트 <믿는 만큼 성장하는 아이/이영(북로그컴퍼니2011)>

18) 하임 기너트 <교사와 학생사이/신홍민(양철북2016)>

19) 하야시 나리유키 <공부두뇌를 키우는 결정적 순간>

20) 줄리 리스콧-헤임스 <헬리콥터부모가 자녀를 망친다/홍수원(두레2017)>

21) 캐롤드 웩 <성공의 새로운 심리학/정명진(부글북스2011)>

22) 나오미 알도트 <믿는 만큼 성장하는 아이/이영(북로그컴퍼니2011)>

23) 이안 로버트슨 <승자의 뇌/이경식(RHK2013)>

24) 미하이 칙센트미하이 <자기진화를 위한 몰입의 재발견/김우열 한국경제신문 2009)>

25) 슐로모 브레즈니트, 콜린스 헤밍웨이 <생각을 확장하다/정홍섭(흐름출판 2016)>

26) 에이미 커디 <자존감은 어떻게 시작되는가/이경식(RHK2017)>

27) 나오미 알도트 <믿는 만큼 성장하는 아이/이영(북로그컴퍼니2011)>

28) 마틴 셀리그만 <낙관성 학습/우문식 최호영(물푸레2012)>

29) 존 메이어 <성격, 탁월한 지능의 발견/김현정(추수밭2015)>

30) 마틴 셀리그만 <낙관성 학습/우문식 최호영(물푸레2012)>

31) 애덤 그랜트 <오리지널스/홍지수(한국경제신문사2016)>

32) 미셸 보바 <양육솔루션/남혜경(물푸레2010)

33) 포 브론슨, 애쉴리 매리먼 <양육쇼크/이주혜(물푸레2010)>

34) 하임 기너트 <부모와 십대사이/신홍민(양철북2006)>

35) 데이비드 월시 <10대들의 사생활>

36) 아사노 아츠코<10대의 부모로 산다는 것/정은지(아름다운 사람들2012)>

37) 다니엘 핑크 <드라이브/김주환(청림출판사2011)>

38) 알프레드 아들러 <인생에 지지않을 용기/박미정(미래엔2014)>

39) 데이비드 호킨스 <의식혁명/백영미(판미동2011)>

40) 나오미 알도트 <믿는 만큼 성장하는 아이>

41) 수잔 포워드 <독이 되는 부모가 되지 마라>

42) <EBS 부모(청개구리 길들이기 편)/지식너머(2015)>

43) 나오미 알도트 <믿는 만큼 성장하는 아이>

44) 토드 휘태커 <훌륭한 교사는 무엇이 다른가/송형호(지식의 날개2010)>

• 2부

45) 수 거하트 <이기적 사회>

46) 1990년 '아동심리와 정신의학저널'에 실린 에드워드 멜휘시 논문

47) 클랜시 블레어/미국 펜실베니아주립대 발달심리학자

48) 피오나 로빈슨 <세계화하는 돌봄>

49) 질 스탬 <0~3세 두뇌육아>

50) 수잔 포워드 <독이 되는 부모가 되지마라>

51) 데이비드 리코 <어떻게 진짜 어른이 되는가>

52) 다니엘 샤피로, 로저 피셔 <원하는 것이 있다면 감정을 흔들어라>

53) 질 스탬 <0~3세 두뇌육아>

54) <EBS 60분 부모-김미라 정재은 최정금/경향미디어 2009>

55) <파더쇼크-EBS (쌤앤파커스 2013)>

56) 데이비드 월시 <10대들의 사생활>

57) <파더쇼크-EBS (쌤앤파커스 2013)>

58) 폴 터프 <아이는 어떻게 성공하는가>

59) 리처드 탈러, 캐스 선스타인 <넛지/안진환(리더스북2018)>

60) 이상화 <평범한 아이를 공부의 신으로 만든 비법(스노우폭스북스2017)>

61) 모기 겐이치로 <뇌가 기뻐하는 공부법>

62) 이안 로버트슨 <승자의 뇌>

63) 이안 로버트슨 <승자의 뇌>

64) 폴 터프 <아이는 어떻게 성공하는가>

65) 백은영 <네 꿈은 뭐니?>

66) 프랜시스 젠슨, 에이미 엘리스 넛<10대의 뇌>

67) 윌리엄 데레저위츠 <공부의 배신/김선희(다른 2015)>

68) 김은미 서숙원 <말만 하는 부모, 상처받는 아이(별글2016)>

69) 마커스 버킹엄, 도널드 클리프턴 <위대한 나의 발견 강점혁명/박정숙(청림출판2016)>

70) 앤절라 더크워스 <GRIT 그릿/김미정(비즈니스북스2016)>

71) <EBS 60분 부모/(지식너머 2013)>

72) 미셸 보바 <양육솔루션>

73) 요코미네 요시후미 <아이의 잠재력을 키우는 부모의 말/김희연(스프링업 2015)>

74) 하임 기너트 <부모와 십대사이>

75) <파더쇼크-EBS(쌤앤파커스 2013)>

76) 미셸 보봐 <양육솔루션>

77) 하임 기너트<교사와 학생사이>

78) 류선정 <세계최고의 교육법>

79) 미하이 칙센트미하이 <자기진화를 위한 몰입의 재발견>

80) 하야시 나리유키 <공부두뇌를 키우는 결정적 순간>

81) 하임 기너트 <부모와 십대사이>

82) 토니 험프리스<투덜이의 심리학/이병렬(다산북스2009)>

83) 마틴 셀리그만 <낙관성 학습>

• 3부

84) 백은영<네 꿈은 뭐니?>

85) 카바사와 시온 <나는 한번 읽은 책은 절대 잊어버리지 않는다/은영미(나라원 2016)>

86) 강백향 <초등공부 독서가 전부다/한스미디어2013>

87) 이상화 <평범한 아이를 공부의 신으로 만든 비법>

88) 모기 겐이치로 <뇌가 기뻐하는 공부법>

89) 박기복 <청소년 독서콘서트(행복한 나무2014)>

90) 미하이 칙센트미하이 <자기진화를 위한 몰입의 재발견>

91) 로드 주드킨스 <천재들의 창의력/마도경(새로운 제안2018)>

92) 미하이 칙센트미하이 <자기진화를 위한 몰입의 재발견>

93) 데이비드 월시 <10대들의 사생활>

94) 알프레드 아들러 <인생에지지 않을 용기>

95) 애덤 그랜트<기브 앤 테이크/윤태준(생각연구소2013)>

96) 아사노 아츠코 등 <10대의 부모로 산다는 것/정은지(아름다운 사람들 2012)>

97) 로버트 치알디니 <설득의 심리학>

98) 카바사와 시온 <나는 한번 읽은 책은 절대 잊어버리지 않는다>

99) 김민영 정지연 권선영 <생각정리 공부법(학교도서관저널 2016)>

100) 최승필 <공부머리 독서법>

101) 켄 베인 <최고의 공부/이영아(미래엔2015)>

102) 켄 베인 <최고의 공부>

103) <EBS 60분 부모-김미라 정재은 최정금/경향미디어2009>

104) 슐로모 브레즈니트, 콜린스 헤밍웨이 <생각을 확장하다>

105) 마틴 셀리그만 <낙관성 학습>

106) 에릭 월 <창의력특강>

107) 하임 기너트 <부모와 10대사이>

108) 마커스 버킹엄, 도널드 클리프턴 <위대한 나의 발견 강점혁명>

109) 수잔 제퍼스 <도전하라 한 번도 실패하지 않은 것처럼(노혜숙/웅진싱크빅 2007)>

110) 이안 로버트슨 <승자의 뇌>

111) 켄 베인 <최고의 공부>

112)   박기복 <청소년 독서콘서트>

• 4부

113)   미하이 칙센트미하이 <자기진화를 위한 몰입의 재발견>

114)   제프리 슈워츠, 레베카 글래딩 <뇌는 어떻게 당신을 속이는가>

115)   니콜라스 카 <생각하지 않는 사람들/최지향(청림출판2018)>

116)   캐서린 스타이너 어데어, 테레사 바커 <디지털시대 위기의 아이들/이한이
       (오늘의 책2015)>

117)   포 브론슨, 애쉴리 메리먼 <양육쇼크>

118)   제프리 슈워츠, 레베카 글래딩 <뇌는 어떻게 당신을 속이는가>

119)   에드워드 할로웰 <하버드 집중력 혁명/박선령(토네이도2015)>

120)   니콜라스 카 <생각하지 않는 사람들>

121)   엘 모어<밀레니얼세대:이들의 미래를 구할 수 있는 마지막 기회>

122)   <우리아이 성격의 비밀-EBS/김현수(블루앤트리 2016)>

123)   캐롤 드웩 <성공의 새로운 심리학>

• 5부

124)   프랜시스 젠슨, 에이미 엘리스 넛 <10대의 뇌>

125)   바버라 프레드릭슨의 '확장과 수립이론'(1998)

126)   에드워드 데시, 리처드 플래스트 <마음의 작동법>

127)   백은영 <네 꿈은 뭐니?>

128)   대니얼 카너먼 <생각의 해부>

129)   앤젤라 덕워스 <GRIT그릿>

130)   캐롤 드웩 <성공의 새로운 심리학>

131)   야마구치 마유 <결과를 만들어내는 노력의 기술/김명선 (이보라이프
       2016)>

132) 다니엘 핑크 <드라이브>

133) 미하이 칙센트미하이 <자기진화를 위한 몰입의 재발견>

134) 데이비드 호킨스 <의식혁명>

135) 백은영 <네 꿈은 뭐니?>

136) 미첼 레스닉 <평생유치원>

137) 사이토 다카시 <내가 공부하는 이유/오근영(걷는 나무2014)>

138) 대니얼 길버트 <행복에 걸려 비틀거리다>

139) 에이미 커디 <자존감은 어떻게 시작되는가>

140) 데이비드 리코 <어떻게 진짜 어른이 되는가>

141) 마틴 셀리그만 <낙관성 학습>

142) 앤절라 더크워스 <GRIT 그릿>

143) 제프리 슈워츠, 레베카 글래딩<뇌는 어떻게 당신을 속이는가>

144) 모기 겐이치로<뇌가 기뻐하는 공부법>

145) 에릭 카플란<5분 동기부여/이지민(동해출판2013)>

146) 줄리 리스콧-헤임스 <헬리콥터부모가 자녀를 망친다/홍수원(두레
2017)>

147) <EBS 60분 부모-김미라 정재은 최정금/경향미디어 2009>

148) 하임 기너트 <부모와 10대사이>

• 6부

149) 로버트 루트번스타인 부부 <생각의 탄생/박종성(에코의서재2008)>

150) 류선정 등 9명 <세계최고의 교육법(이마 2017)>

151) 나폴레옹 힐 <성공을 위한 365일 명상/민승남(국일미디어2001)>

152) 김현수 <우리아이 성격의 비밀-EBS(블루앤트리2016)>

153) 앤절라 더크워스 <GRIT 그릿/김미정(비즈니스북스2016)>

154) 포 브론슨, 애쉴리 메리먼 <양육쇼크>

아이교육 자가진단법

1판 1쇄 발행 2024년 4월 26일

지은이 곽영승
이메일 yskwak1234@hanmail.net
연락처 010-3742-9005

편집 이새희
마케팅・지원 김혜지

펴낸곳 (주)하움출판사   펴낸이 문현광

이메일 haum1000@naver.com   홈페이지 haum.kr
블로그 blog.naver.com/haum1000   인스타 @haum1007

ISBN 979-11-6440-572-5(03370)